地域創造研究叢書
No.29

下出義雄の
社会的活動とその背景

愛知東邦大学地域創造研究所=編

唯学書房

はじめに

本書編集の意図

　中部産業史研究会では、『(叢書 28) 下出民義父子の事業と文化活動』に続いて本書『(叢書 29) 下出義雄の社会的活動とその背景』を取りまとめた。「下出義雄」氏については本書の第 1 章で紹介するが、名古屋の大同製鋼（株）（現、大同特殊鋼（株））を飛躍的に発展させたほか、1930 年代から 40 年代前半の名古屋財界の主要な財界人の一人として活躍した父下出民義氏（以下、本書では原則として敬称略）とともに「東邦商業学校」などを経営した、異色の教育者でもあった。

　そのほか、若い頃に東京で初期社会政策系の著作を次々と出版したことで知られる「下出書店」を創業したり、名古屋では伊藤次郎左衛門祐民らと「八重垣劇場」を創立するなど、文化面でも注目すべき業績があり、これらについては上記の『(叢書 28) 下出民義父子の事業と文化活動』などで取り上げてきた。

　それ以外にも「東邦健児団（校内では「健児部」)」という名古屋最初のボーイスカウト活動を始めたり、大同製鋼社長時代に「大同工業学校」など 4 つの技術養成機関を相次いで創設した。また、当時も今も我が国唯一のバイオリン量産工場である「鈴木バイオリン」の経営危機を支援してこれを存続させるなど、単純に「事業家」とだけ割り切ることができない活動の幅広さを備えていた。

　そのほか、東邦商業学校を拠点とした消費購買組合（名古屋における生活協同組合の原初形態）を創設し、経済困難な生徒に今でいうアルバイトを兼ねて運営させていた。また戦時下の大政翼賛会役員や衆議院議員を務めるなど、政治家としても活動していた。同じ頃、父親の民義は多額納税者枠で 3 期にわたる貴族院議員を務め、親子で貴衆両院に席を占める政治家一家でもあった。しかも、いずれも一時代を画すような業績や役割を果たしていた。とくに第二次大戦下では、一部の国家機密にも接する民間人であり、当時の資料の多くは全国的に焼却されるはずであったが、第 1 章「下出義雄と『下出文庫』」で紹介するような事情で焼却を免れ、「東邦学園下出文庫」資料の一部として利用可能な条件にある。また、大同電気製鋼所は下出義雄社長就任とともに大同製鋼へと社名変更したが、同社社長時代には同社の工場周辺に学校や総合病院、労働者住宅などを計画的に配置した「（現、名古屋市南区）道徳地区」の新しい街づくりもおこなった。

こうした、下出義雄の稀にみる多面性をまとめてみようというのが、2015～16年度の当研究会の企画であった。月例研究会では、こうした下出義雄の社会政策的考え方の源泉は何かとか、当時の我が国の戦争拡大へと突き進む社会情勢の中でこうした新しい取り組みがどのような位置にあったのか、あるいはヨーロッパの社会政策の潮流の影響、戦争遂行の国策との関係など多面的に論じられた。本書では、そうした諸課題の半分ほどしか取り上げられなかったが、この叢書の既刊号で取り上げた事項は極力避けながら、下出義雄の業績を「教育活動」「経済活動」「文化・社会活動」の３つの柱で整理している。

下出義雄の教育活動

　第１部の教育活動の関係では、第１章で下出義雄の簡単な紹介と３箇所に現在する「下出文庫」について紹介する（森論文）。これらの文庫は、いずれも下出氏に関する資料を集めたものではなく、下出義雄や弟の隼吉が集めた文献・資料類であることが明らかになった。第２章「下出義雄のめざした教育に応えた教師たち」（中村論文）では、後述する『東邦商業新聞』とその前身である校友会雑誌『東邦』に依拠して、下出義雄理事長・校長時代の東邦商業学校における教育について論じている。

　第３章「大同製鋼の技術者養成」（青山論文）では、戦前の国家的大イベントであった「紀元二千六百年」の直前に、大同製鋼が次々に創設した４つの技術者養成機関と、それとほぼ同じ時期に整備された現、名古屋市道徳新町８丁目（名鉄「道徳」駅西南、道徳公園の南）の、教育機関を含む諸施設の配置を復元した。その調査中に、この地域を空爆する直前に米軍が空撮した写真が残されていることが判り、取り寄せて本書にも収録することができた。

下出義雄の経済活動

　第２部の経済活動の関係では、まず第４章（高木論文）で1940年名古屋新聞社発行『中央日本經濟大観』の下出義雄論稿を取り上げる。本書は「中央日本（現、中部日本とはエリアが異なる）」という地域を捉えて経済活動を概観する内容であるが、同書に「中央日本と大陸の関係」の総論として「歴史的にみたる中央日本の優位性」と題する下出義雄の論稿が収録されており、これを紹介した。

　次に、第５章（寺沢論文）では「東邦学園下出文庫」の電力関係資料59点を渉

猟して「下出文庫資料に見る電力会社の概要」を論述した。木曽川電力（株）、矢作水力（株）、信州電気（株）、揖斐川電気（株）などが取り上げられているが、中でも木曽福島の「木曽川電力（株）」は福澤桃介と組んだ父下出民義が初代社長を務めた会社で、東京高商を終えた下出義雄が支配人として就職し、のちに社長も務めた会社である。矢作水力（株）、信州電気（株）の取締役・社長と兼務職を拡げながら、中部配電（現、中部電力）に統合される過程が整理された。

その木曽川電力で、電灯以外の用途開発として寒川恒貞らによってアーク溶解による製鉄が企画され、製鋼のめどがついたところで独立させて大同電気製鋼所（現、大同特殊鋼）が誕生し、初代社長下出民義、2代目福澤桃介、3代目寒川恒貞の後、4代目下出義雄が社長に就任して同社は大発展期を迎えた。時あたかも戦争拡大期に当たり、海軍、陸軍が相次いで資材を求めた。大同電気製鋼所から改称した大同製鋼（株）は星崎工場など次々と新工場を増設してこの需要に応えたため、同社へは皇族、軍高官、大学教員らの来訪・見学が相次いだ。その中にはのちに戦争を主導した東條英機の来訪もあった。第6章（木村論文）「東條英機の大同製鋼視察とその時代」は来訪時の記念写真をもとに詳細な考察を加えたものである。

第7章（安保論文）では、和楽器職人の子、鈴木政吉が1888年に名古屋で創業した「鈴木バイオリン」の経過と、同社が経営危機に陥った時期に下出義雄が出資して危機を乗り切らせた過程を、「鈴木バイオリンの経営危機を救った下出義雄」と題して取りまとめている。義雄は一時期同社の社長を兼務したが、義雄の経営手法から勘案すると鈴木バイオリンに関しても実際の経営は鈴木政吉に任せていたと推察される。

下出義雄の文化・社会活動

第3部の文化・社会活動については、本叢書の前号『（叢書28）下出民義父子の事業と文化活動』で集中的に取り上げたが、それに盛り込み切れなかった論文があるので、この号で取り上げた。第8章（朝井論文）「下出書店と杉原三郎」では、かねて懸案であった「下出書店の実務経営担当者」探しに取り組んだ。前述のように、下出義雄は同時にいくつもの事業で経営上主要な役割を果たしたが、そのいずれにものめり込む経営ができたとは思えない。その疑問を最初に解いたのは『（叢書28）下出民義父子の事業と文化活動』第4章の木村論文「八重垣劇場誕生とその時代」で、同劇場の開設・社長は下出義雄であったが、その後の運営や上映映画の

選定は『平民新聞』にもかかわった「石巻良夫」がおこなっていたことを解明した。もう一点大きな疑問であったのは「下出書店」で、同書店が出版企画を立てたり、執筆依頼、著者との連絡、印刷・製本所の手配、注文・配本の処理など、当時すでに木曽川電力支配人の要職にあった義雄が書店経営の実務に携われる条件は乏しかったはずとの疑問が出ていた。その点を解明したのが第8章の朝井論文で、標題にもある「杉原三郎」が実際の経営担当者であったことを明らかにした。杉原三郎は『中央新聞』の後継紙『日本産業報国新聞』の編集長を務めた人物である。

　なお、この研究過程で、別の2つの新しい発見もあった。一つはこれまで1923年の関東大震災で店舗も在庫も焼失し、「それを機に廃業した」と考えられてきた「下出書店」は、発行人が弟の下出隼吉に代わり1924（大正13）年に創立した社会学会最初の月刊機関誌『社会学雑誌』の発行所として、限定的な機能ではあったが存続していたことが再発見された。その下出隼吉は1931（昭和6）年に早世したので、それを機に自然廃業した。もう一つは、これまで「出版社（専業）」と考えられていた下出書店が、当時の多くの出版社と同様に古本の売買も斡旋していたことが当時の広告で明らかになった。いずれも朝井による再発見である。

　社会活動に関してはもう1本、第9章（木村論文）「ボーイスカウトを教育に導入した下出義雄」を収録した。東邦商業学校の「東邦健児団（校内では「健児部」）」とボーイスカウトの関係、下出義雄がどのようにしてボーイスカウトを知ったのかなどについては、木村論文が冒頭で解明しているのでここでは深入りしないが、東邦商業学校の開設時期とボーイスカウト日本連盟が組織された時期はごく近いし、東邦健児団創立間もなく義雄がボーイスカウト日本連盟の役員にも就くので、両者が深い関係にあったことは想像に難くない。しかも東邦商業学校（男子校）では、全生徒に「健児部」か「いずれかの運動系クラブ」に所属することが義務付けられていたと言われるので、「健児部」は他の全運動系クラブに匹敵するほど重視されていたことになる。

名古屋における保育活動の先駆

　本書は表題に示すように下出義雄のこれまであまり取り上げてこなかった活動を中心に取り上げているが、下出義雄自身は第二次大戦終戦前後から体調を崩し、名古屋東山の自邸で事実上の隠遁生活に移ったと推定している。その中で東邦商業学校の運営を任されたのが義雄の長男「貞雄」であった。貞雄は戦後外地から引き揚

げてすぐに 20 代で東邦商業学校校長に就任し、1946（昭和 21）年の学制改革（6・3・3 制）で東邦商業学校を東邦高等学校と東邦中学校とに分離独立させる改革をおこなった。次いで翌 1947 年に最初の公選制教育委員会制度が発足すると、愛知県教育委員（定員 5 人）に立候補して当選し、初代副委員長に就任した。貞雄は東邦学園を幼児教育から大学教育まで一貫した教育体系にする構想を持ち、自らは芸術系の短大設立に奔走したが容易ではなく、1965 年に経営学系短期大学として実現した。正確にはその申請の前々日に病死した。この幼〜大一貫の学園構想は、貞雄が描いたものか父義雄の考えが反映されたものであったのかは、現段階では未解明である。

こうした激動の中で、総合的な学園構想のスタートに当たる幼児教育について、貞雄の母であり義雄の連れ合いであったサダが中心になって、1950 年に名古屋市千種区の東邦高校・中学内に「東邦保育園」を開設した。幼稚園は戦前から名古屋にもあり、なぜ幼稚園でなく保育園でスタートしたのかはまだ明らかではない。2016 年 12 月に発刊された『資料集　名古屋における共同保育所運動』（公益財団法人東海ジェンダー研究所編）には、「共同保育所」という限定ではあるが 1960 年代初めからの資料が収録されている。東邦保育園はそれよりも 10 年ほど前に開園しているので、名古屋市内・愛知県内でも早期の保育園の一つであった。東邦保育園は 10 年足らずで閉鎖されたが、その経験者が間もなく市内各所で保育所づくりを始めた可能性も考えられる。そうした事情で東邦保育園の役割が気にかかっていたが、今回、当時の保育職員から聞き取りをおこなうなどで手がかりが得られ、附録（新村論文（山極研究所長協力））「東邦保育園の足跡」をまとめて貰うことができた。

2 つの「資料集」編集・公開の取り組み

以上のほか、論文までまとめ切れない成果は、短編の「コラム」として収録した。コラムの形で取り上げたのは、「下出義雄と労働運動」（木村）、「下出義雄と名古屋株式取引所」（安保）、「下出義雄の読書熱——大津書店と喫茶チャイルド」（朝井）の 3 本で、いずれも将来さらに深められそうなテーマである。

なお、こうした取り上げるべきテーマや資料の存在を検討する過程で、改めて『東邦商業新聞』活用の必要性が見なおされた。同新聞は専門の編集者による本格的なもので、全国の学校新聞でも群を抜くレベルであったが、現物は劣化が進み公開されてこなかった。そこでこうした資料を扱いなれた名古屋市市政資料館調査協

力員の真野素行に概要分析を依頼して、その結果を本叢書の前号である『(叢書28)下出民義父子の事業と文化活動』第3章に、真野論文「昭和戦前期における下出義雄の活動と思想——東邦学園所蔵『東邦商業新聞』を手がかりとして」を収録した。第二次大戦中に新聞発行に対する規制が厳しくなって1940年に休刊を余儀なくされるまでに111号まで発刊されたが、号外も含めて90号分近くが現存している。冒頭1号から9号までを欠き、10号が半ば崩壊しているほか途中で若干の欠号はあるが、各号平均4ページ立てである。

　この新聞の分析は中村に引き継がれ、いっそう詳しく分析・利用されているが、その過程で同紙休刊後も『東邦商業学校々報』の名前で、しばらくは発刊されていたことも明らかになった。また、同じ中村の調査で『東邦商業新聞』発刊直前まで雑誌タイプの『東邦』という機関誌が発刊されていたことも再発見された。

　この新聞によって、戦前の実業（商業）教育の実態や、軍国主義化がどのように中等学校教育に反映されたのか、教員が次々と徴兵される中でどのようにして教育を維持したのかなど、生々しい記事が満載されている。戦争体制が強化される時期に校長であった下出義雄の折々の訓話なども多数収録されており、これ自体が研究対象として貴重であることが明らかになった。「現物劣化＝公開困難」との矛盾を解消して広く利用できるようにする方法を検討中である。

　一方、この研究・討論過程で、各自が苦労して集めている下出義雄関係の資料を集約できれば、我々も便利だし活用希望者も増えるという意見が出て、『**下出義雄資料集**』の編集を企画した。2017～18年度はその資料収集に取り組むことにしたが、始めてみると意外にたくさんの資料が見つかり、既存の「叢書」のボリュームでは到底収容できないため、研究所として出版方法自体も検討中である。

　末筆ながら、この学際的な研究会は、各大学や民間の方々のご協力や東邦学園関係者のご理解で研究活動が維持されている。資料調査やインタビュー、研究会の開催などにご協力いただいている各位や東邦学園に感謝し、今後もご支援をお願いする次第である。また、難しい出版事情下にもかかわらず、叢書創刊以来出版をお引き受けいただいている唯学書房のご協力にも感謝している。

　2018年2月1日

中部産業史研究会事務局　　森　靖雄

目　　次

はじめに　iii

第1部　下出義雄の教育活動

第1章　下出義雄と「下出文庫」　2
Ⅰ　はじめに　2
Ⅱ　実業家としての下出義雄　5
Ⅲ　戦争体制下の下出義雄　10
Ⅳ　知識人・文化人としての下出義雄　12
Ⅴ　3つの「下出文庫」　15

第2章　下出義雄のめざした教育に応えた教師たち　17
Ⅰ　はじめに　17
Ⅱ　下出義雄が期待した学校新聞による社会化　18
Ⅲ　おわりに　27

第3章　大同製鋼の技術者養成　30
Ⅰ　工業学校設立の背景　30
Ⅱ　学校と養成所の創立　31
Ⅲ　おわりに　33

第2部　下出義雄の経済活動

第4章　『中央日本經濟大観』と下出義雄の一文　38
Ⅰ　『中央日本經濟大観』について　38
Ⅱ　下出義雄論文「歴史的にみたる中央日本の優位性」の紹介　41

第5章　下出文庫資料に見る電力会社の概要　45
Ⅰ　五大電力時代から電力統制時代　45
Ⅱ　経営者として活躍した電力会社の概要　46

第6章　東條英機の大同製鋼視察とその時代　48
Ⅰ　一枚の東條視察写真　48
Ⅱ　東條の視察目的　50
Ⅲ　下出の構想　52
Ⅳ　鮎川の構想　52
Ⅴ　東條の構想　53

Ⅵ 「二キ三スケ」 54

Ⅶ 昭和 14 年という画期 55

Ⅷ 岸と藤原の大同製鋼視察 57

Ⅸ 下出国会へ、対満事務局に 58

◆ コラム 下出義雄と労働運動 59

第7章 鈴木バイオリンの経営危機を救った下出義雄 61

◆ コラム 下出義雄と名古屋株式取引所 64

第3部 下出義雄の文化・社会活動

第8章 下出書店と杉原三郎 68

Ⅰ はじめに 68

Ⅱ 下出義雄・隼吉と下出書店 69

Ⅲ 杉原三郎の経歴 72

Ⅳ 下出書店と杉原三郎の出会い 74

Ⅴ 杉原三郎の下出書店での活躍 75

Ⅵ 杉原三郎の思想傾向と下出書店の出版物 77

Ⅶ おわりに 80

◆ コラム 下出義雄の読書熱——大津書店と喫茶チャイルド 84

第9章 ボーイスカウトを教育に導入した下出義雄 86

Ⅰ 誰が創始者か 86

Ⅱ 東邦健児団団長下出義雄 88

Ⅲ 後藤新平と下出民義 89

Ⅳ 少年団と健児団 91

Ⅴ ボーイスカウトは軍隊の性質を持たず 93

Ⅵ 戦時下の健児団 94

Ⅶ 健児団から報国団へ 95

附録 東邦保育園の足跡 96

Ⅰ はじめに 96

Ⅱ 東邦保育園設立の時代背景 96

Ⅲ 東邦保育園の設立趣旨 98

Ⅳ 保育運動の先駆けとしての東邦保育園 100

Ⅴ おわりに 102

愛知東邦大学 地域創造研究所（紹介） 105

執筆者紹介 106

第 1 部

下出義雄の教育活動

第1章　下出義雄と「下出文庫」

森　靖雄

I　はじめに

　下出民義とその長男下出義雄の業績研究は中部産業史研究会の主要研究テーマの一つで、この「叢書」だけでも『(叢書2) 近代産業勃興期の中部経済』『(叢書13) 戦時下の中部産業と東邦商業学校——下出義雄の役割』『(叢書18) 中部における福澤桃介らの事業とその時代』『(叢書28) 下出民義父子の事業と文化活動』を出版。中心的な各大学や民間の研究者10人ほどにテーマごとに新しいメンバーが加わって、毎年数回から10回程度月例研究会で報告・議論しながら、研究を重ねてきた。

　さらに、同じ研究所で編集した『東邦学園下出文庫目録』(東邦学園刊) の解説や、東邦学園で編集された『東邦学園九十年誌』(風媒社刊)、『下出民義自伝 (注解版)』(風媒社刊) などでもかなり掘り下げた解説をおこなっている。短編ながら『東海の異才・奇人列伝』(2013年、風媒社) 所収「下出義雄　経済界の風雲児にして教育者」でも紹介してきた。そのため、たとえば下出義雄について言えば、まだ手付かずの研究テーマも多いとはいえ、概要として記載するような事項はほぼ書き尽くしており、何を書いても二番煎じになることは避けられない。

　ただ、一方では、そのために、これらの既刊本や地域創造研究所の「所報」などおもに愛知東邦大学の広報的出版物などに、下出義雄が解体状態で散在している結果になり、一度「人の形に復元する」必要も感じられる。幸い本書は、これまであまり取り上げてこなかった下出義雄の業績を集めたものであり、既存研究の取りまとめには適切な場ではないかと思われるので、あえて二番煎じも含めて下出義雄像を描いてみる。詳しくは、上記各出版物をご参照いただきたい。

　なお、下出義雄の略歴を『(叢書13) 戦時下の中部産業と東邦商業学校——下出義雄の役割』から転載 (一部修正) しておくので、必要に応じてご参照いただきたい (表1-1)。

表 1-1 下出義雄略歴

年	月日	内容
1890 年 (明治 23 年)	5 月 12 日	父：下出民義、母：あい（旧姓西井）の長男として、大阪市安治川で出生①
		母親産褥熱のため、大阪市安治川の家で育てられる（義雄 1 歳）①
	9 月	あいの姉に連れられて名古屋市下茶屋町（熱田）の家（民義夫妻住居）へ①
1891 年 (明治 24 年)	10 月 28 日	朝「濃尾震災」発生。下出家は大きな被害なし（周辺は地割れなど惨状） 義雄は同居中の叔父正太郎に背負われて避難（2 歳）①
1892 年 (明治 25 年)	10 月 4 日	祖父：下出民翁逝去、享年 74 歳①
		折しも、義雄は赤痢で大阪の病院隔離室に入院中（3 歳）①
1896 年 (明治 29 年)		この頃、チフスに罹患（就学前）①
1902 年 (明治 35 年)	4 月	愛知一中入学（13 歳）⑥
1906 年 (明治 39 年)	10 月 30 日	愛知一中対神戸クリケットクラブとの野球試合（於神戸）に左翼手として出場。愛知一中の勝ち（17 歳）⑥
		この年、下出家が熱田から名古屋市南大津通へ転居⑥
1907 年 (明治 40 年)	8 月 12 日	東海五県連合野球大会で愛知一中対明倫中学の試合に一塁手、四番打者で出場（18 歳）⑥
1908 年 (明治 41 年)	3 月	愛知一中卒業（19 歳）⑥
1909 年 (明治 42 年)	4 月 1 日	愛知一中対慶応普通部との野球対抗戦に一塁手、四番打者で出場。1 対 1 引き分け⑥　愛知一中卒業（19 歳）⑥
1913 年 (大正 2 年)	3 月	神戸高等商業学校卒業（24 歳）⑥
1915 年 (大正 4 年)	6 月	東京高等商業学校専修科（経済史専攻）卒業（26 歳）⑥
1916 年 (大正 5 年)	8 月 19 日	父民義、株式会社大同電気製鋼所設立（27 歳）⑥
1917 年 (大正 6 年)	9 月 17 日	木曽川電力（株）支配人に就任（28 歳）⑦
	9 月 27 日	(株) 大同電気製鋼所取締役に就任⑦
1918 年 (大正 7 年)	1 月 12 日	長女文子誕生（29 歳）⑥
	4 月	父民義ら、東海電極（株）創業、義雄入社（29 歳）①
1919 年 (大正 8 年)	3 月	父民義ら、矢作水力（株）創業、義雄入社（30 歳）①
	10 月	長男民雄誕生⑥
1920 年 (大正 9 年)	10 月	名古屋紡績（株）専務取締役就任（31 歳）⑥
1922 年 (大正 11 年)	8 月	豊国セメント（株）入社（33 歳）⑥
1923 年 (大正 12 年)	3 月 31 日	東邦商業学校設立認可（34 歳）⑥
	3 月	次弟隼吉、東京帝国大学文学部社会学科卒業。文学部副手となる⑥
	4 月	東邦商業学校開校②
	4 月	次弟隼吉、東京帝国大学大学院入学⑥　隼吉兵役
	9 月 1 日	関東大震災発生。次弟隼吉宅全焼。下出書店も全焼⑥
	10 月 17 日	三男保雄誕生⑥

1924 年 (大正 13 年)	4 月	下出民義の資金援助もあり日本社会学会創立。隼吉、同学会委員となる⑥
	12 月 21 日	父民義、名古屋株式取引所理事長退任。義雄、同監査役に就任（35 歳）⑥
1925 年 (大正 14 年)	3 月 16 日	名古屋商工会議所議員に当選（以後 4 年ごとに 5 回当選）（36 歳）⑥
	3 月 17 日	祖母あい逝去、享年 76 歳①
1926 年 (大正 15 年)	8 月 9 日	東邦商業学校校主代理在任。欧米教育事情視察のためオックスフォード、ケンブリッジ、イートン校などを訪問視察（～ 1927〔昭和 2〕年 2 月）④
1927 年 (昭和 2 年)	5 月	「東京高等商業学校新聞」をモデルに、「東邦商業新聞」創刊（38 歳）⑥
1928 年 (昭和 3 年)	3 月	東邦商業学校最初の卒業式挙行（39 歳）②
	4 月	東邦商業学校副校長に就任②
	7 月 9 日	「濃緑色は東邦商業を表す色」と東邦カラーを制定⑥
	8 月 19 日	父民義、多額納税議員として貴族院議員初選出⑥
1929 年 (昭和 4 年)	12 月 26 日	名古屋株式取引所理事長就任（昭和 16 年 12 月 2 日まで）（40 歳）⑥
1930 年 (昭和 5 年)	10 月 21 日	三菱電機、三菱商事の後援で菱喜商事設立（41 歳）⑥
1931 年 (昭和 6 年)	4 月 30 日	（株）大同電気製鋼所常務取締役に就任⑦
	6 月 11 日	（株）大同電気製鋼所社長に就任⑦
1933 年 (昭和 8 年)	1 月 19 日	東邦商業学校を母体として「名古屋家庭購買組合」結成（44 歳）⑥
	3 月 29 日	名古屋商工会議所工務部副部長に就任⑥
1934 年 (昭和 9 年)	1 月 18 日	東邦商業学校校長に就任（45 歳）②
	4 月	東邦商業硬式野球部、センバツ大会に初出場し、初優勝②
	10 月 2 日	久保田製作所社長に就任⑥
1935 年 (昭和 10 年)	1 月	「育英商業学校」を「金城商業学校」と改称し、姉妹校とする（46 歳）④
	10 月 2 日	山内卓郎、星崎亀雄らと沖縄県西表島に炭鉱開発計画⑥
1937 年 (昭和 12 年)	4 月 28 日	経済使節団日本代表として欧米訪問（9 月 5 日帰国）（48 歳）②
1938 年 (昭和 13 年)	3 月	下出校長「自由経済と統制経済」を講演し、商業教育の転換を示唆（49 歳）②
	6 月	（株）大同電気製鋼所を（株）大同製鋼所と改称⑥
		この年、父民義、喜寿。
1939 年 (昭和 14 年)	1 月 11 日	財団法人大同工業教育財団設立認可、初代理事長に就任（50 歳）⑥
1940 年 (昭和 15 年)	12 月 26 日	時局に鑑み「東邦商業新聞」111 号で廃刊（51 歳）⑥
1941 年 (昭和 16 年)	11 月 3 日	東邦商業学校校長辞任（52 歳）②
1942 年 (昭和 17 年)	2 月 28 日	「財団法人 下出教育報効財団」設置認可、理事長就任（53 歳）②
	4 月 30 日	第 21 回衆議院議員総選挙に名古屋第 1 区から立候補し、当選②
1944 年 (昭和 19 年)	1 月から	本土決戦のため、男子生徒募集停止命令（55 歳）⑥
	3 月	東邦商業学校生徒募集停止⑥
	4 月 3 日	鶴舞公園で青少年学徒動員壮行会開催。男女生徒は工場等へ分散配置⑥
	11 月	財団法人下出教育報効財団理事長辞任⑥
	12 月	三菱重工業空爆により、勤労動員中の東邦商業教員 2 名、生徒 18 名爆死④

1945 年 (昭和 20 年)	2 月 28 日	財団法人下出教育報効財団理事長に民義就任⑥
	3 月 19 日	名古屋大空襲。東邦商業学校体育館、倉庫全焼（56 歳）⑥
	5 月 17 日	大同工業学校空襲により全焼⑥
	12 月	衆議院「労働組合法委員会」委員就任⑤
1946 年 (昭和 21 年)	3 月	大同製鋼社長辞任（57 歳）⑥
	4 月	大同製鋼奨学研究財団理事長辞任⑥
	5 月 8 日	財団法人下出教育報効財団理事辞任②
		この年、「勅令第 109 号」により大政翼賛会関係者らの「公職追放令」公布・施行。この前後から体調不振のため、事実上隠棲状態に。
1958 年 (昭和 33 年)	1 月 20 日	逝去（67 歳）②
	1 月 22 日	故下出義雄学園葬②

注：（　）内の年齢は、数え年。敬称略。
出所：森靖雄作成。行末の○数字＝出典
　　　①『下出民義自伝』
　　　②『東邦学園五十年史』
　　　③『真面目の大旗——東邦学園七十年史』
　　　④『東邦学園七十年小史』
　　　⑤「東邦学園初代理事長・下出義雄の歩んだ道」（『東邦学誌』36-2 所収）
　　　⑥『真面目の系譜——東邦学園七十五年記念誌』
　　　⑦『大同特殊鋼株式会社社史』

Ⅱ　実業家としての下出義雄

1　出生から東京在住時代まで

　下出義雄は 1890（明治 23）年 5 月 30 日に母（旧姓、西井）あいの実家である大阪市で生まれた。当時、父親の梅吉（のち民義と改名）は熱田町（現、名古屋市熱田区内田町）で「愛知石炭商会」を営んでいた。母は産褥熱ですぐには復帰できず、義雄は同年 9 月に姉が熱田へ届けに来た。その約 1 年後の 1891（明治 24）年 10 月 21 日朝濃尾大震災が起きて、熱田の店舗兼住宅に住んでいた下出一家も被災したが、義雄は叔父の正太郎に背負われて避難し、家族ともども大過なく難を免れた。1896 年には就学直前（7 歳）にチフスに罹患したが、これも大ごとにはならなかった（以上、おもに『下出民義自伝（注解版）』による）。

　小学校時代はまだ記録を欠くが、中学は 1902（明治 35）年に愛知県立第一中学校へ進学し、同校では当時最先端のスポーツであった野球部に所属していた。続いて、当時我が国に 2 校あった高等商業学校の一つ神戸高等商業学校（現、神戸大学）へ進学し、卒業後もう一つの東京高等商業学校（現、一橋大学）専修科へ進学した。東京高商では「社会政策学」の草分けであった福田徳三博士に師事し、本人として

は研究者の道を望んでいたように見うけられる。当時の高商専修科は年限はなく、指導教員が認めれば修了となったようで、東京高商には2年足らず在籍して1915年6月に修了した。この「修了」という用語は、現在は大学院修士課程を終えた（所定単位取得＋修士論文通過）段階で「修了認定」を受けた人の呼称であり、当時の呼び名は判然としない。我が国では1898年に社会政策学会が設立されているので、義雄が東京高商にいた時期にも活動していたはずであるが、彼がそれに関わったかどうかは詳らかではない。

　義雄は同じ1915（大正4）年に東京で社会政策系の相当堅い本の出版を主とした「下出書店」を設立しているので、卒業後も東京にとどまって社会政策関係の研究者を目指していたと考えてよいであろう。しかし、他面では、翌1916（大正5）年に、父民義が自ら社長を務めていたいずれも中部地方の「大同電気製鋼所」（当時、名古屋郊外）と「木曽川電力」（現、長野県木曽町福島）にそれぞれ入社させており、東京にとどまれる状況ではなかった。今のところ確証はないが、1916年のある時期には実質的に名古屋へ本拠を移していたと考えるのが妥当であろう。名古屋に移る前の1年間、これも父民義の世話（指示）で日本生命の弘世助太郎社長の秘書をしていた可能性があるが、まだ実証できていない。

2　自立した実業家へ

　名古屋へ復帰してからもなおしばらくは父民義の下や民義が役員を務める会社に籍を置きつつ、経営実務を学ぶことになったが、単なる新入社員ではなく当初から役員待遇で就任したケースが多い。そのため、職場環境はかなり特異な状況であったと推察される。

　少し具体的に見ると、義雄は東京高商を終えるまでは「学生専業」であったが、名古屋へ移ると、とたんに電力会社や紡績会社など当時の大企業の支配人などの要職に就けられる。父親の息がかかっていたとはいえ、役職相応の責任もあったはずであり、実務や現場を習得しつつ役職をこなす必要があった。

　実際に起きた事例で見ると、義雄は名古屋へ戻って間もなく「名古屋紡績株式会社（以下、名古屋紡績）」の専務に就任した。名古屋紡績は民間企業としては当時名古屋最大規模の企業であったが、父民義が福澤桃介の資金を導入して経営危機を立て直し、一時社長に就任していた。そうした経過からも、義雄就任以前から実務体制はかなり整っていたであろうし、恐らく民義としても経営が安定していたので不

慣れでも義雄に任せたと推察される。当時の紡績会社は綿糸を生産するのと、糸相場の利ザヤ稼ぎと差がないと言われていたほど市場価格に影響され、経営陣としては糸相場への対応も重要であった。

名古屋紡績専務就任後間もなく、1920（大正9）年に第一次世界大戦後の大恐慌、いわゆる「戦後恐慌」に見舞われ、糸相場も大暴落した。その直前の1919（大正8）年は我が国の多くの産業分野でヨーロッパへの輸出が大幅に伸び、のちに「大正バブル」などと言われるほどの好況であったから、とりわけその落差は大きかった。これは名古屋紡績に限った問題ではなかったが名古屋紡績でも「数万円の損失」を出したと言われる。しかし、義雄は動ぜず、かえって「経営者としての資質」を評価される結果になった。東邦学園下出文庫に収蔵されている当時の経済雑誌を見ると、これを機に義雄へのインタビュー記事や紹介記事が増え、経済界でも「経営者」として認められた様子がうかがえる。

ただ、こうした表面的な動きの裏で本人はかなり落ちこんでいた様子で、父民義は学校経営を持ち掛けた。この時期に学校経営が持ち出された動機には二つの要因が考えられる。一つは民義自身の堺県在住時代から大阪市移住後まで20年間ほどの教員経験である。加えて当時民義は名古屋でそれまでに不振だった二つの商業学校を引き受けて経営していたので、それが義雄へ引き継がれるのはタイミング次第であったと推定されることである。もう一つは、すでに述べたように東京高商以後研究者の道を進み始めていた義雄を名古屋へ連れ戻した穴埋めである。誘いをかけられた義雄は大乗り気だった様子で、1923（大正12）年春には現、名古屋市千種区のJR（中央線）千種駅前（旧赤萩町）に「東邦商業学校」が誕生した。この前後の事情について詳しくは『(叢書13)戦時下の中部産業と東邦商業学校——下出義雄の役割』の長谷川論文「東邦商業学校の沿革」を参照されたい。当初数年間は、生徒の集まりも悪かったが、経費は大半が下出家（実情は民義）から出されていて、経営的にはとくに問題があった様子ではなかった（『東邦学園五十年史』）。

義雄は数年間はのめり込むように東邦商業学校の経営に当たったとされるが、学校運営が軌道に乗り始めるのと軌を一にして関わっていた企業の経営もそれぞれ好転し、間もなく実業界でも表立った動きが復活している。この東邦商業学校設立の前と比較すると、父親が関わらなかった企業への関与が増えており、実業家としての自立性が強まった様子がうかがえる。次にその経過を見てみる。

3 実業の世界へ

父民義から長男義雄への事業継承の過程は、『(叢書13) 戦時下の中部産業と東邦商業学校――下出義雄の役割』14-15 ページに一覧表（筆者作成）の形でまとめているので、同表（表1-2）を転載する。同表は、本叢書にも執筆している高木備太郎が収集整理していた下出民義・義雄関与企業の一覧表を、原作者了解のもとに筆者が義雄関与企業も含めて大幅に補充・再編して作成したものである。

表1-2 下出義雄1936～1942役職など就任時期別一覧表

	1936 (昭和11) 年	1940 (昭和15) 年	1942 (昭和17) 年
愛知県農工銀行	（義）監査役	（義）監査	（義）取締役
（合）愛知石炭商会	（義）代表社員		
揖斐川電気			（義）監査役
大倉火災海上			（義）取締役
木曽川電力	（義）社長	☆（義）社長	(42.12 解散)
久保田製作所	（義）社長	（義）社長	
シナ忠ホテル			（義）監査役
信州電気		（義）取締役	（義）取締役
仁寿生命	（民）取締役	（義）相談役	
鈴木バイオリン製造	（義）社長	（義）社長	（義）社長
第一毛織紡績		（義）取締役 (37.6 就任)	
第二東海電極製造	（義）取締役		
太洋製作所		（義）会長	（義）会長
大同機械製作所 (37.1 設立)		（義）相談役	（義）相談役
大同電気製鋼所	（義）社長	（義）社長	38.6 ～ 大同製鋼（義）社長 (46.3 辞任)
大同メタル工業			（義）社長
大日本セロファン	（民）取締役（義）社長	（義）社長	
知多電気鉄道	（義）取締役	知多鉄道（義）取締役	（義）取締役
築地興業		（義）社長	（義）社長
東海電極製造		（義）取締役	（義）取締役
東京車輪製作所		（義）取締役	（義）取締役
東京重工業		（義）社長	（義）社長
東京特殊鋼		（義）相談役	（義）相談役
東極鉱業		（義）監査役	（義）監査役
東邦製鋼		（義）相談役	（義）相談役
東邦金属		（義）取締役	（義）取締役
東洋産業			（義）取締役
長浦海園土地			（義）取締役

名古屋観光ホテル	（義）監査役	（義）取締役	（義）取締役
名古屋造船 (41.6 設立)			（義）取締役
名古屋鉄道	（義）監査役	（義）取締役	（義）取締役
名古屋紡績	（民）社長（義）専務取締役	（義）専務取締役	（義）社長
名古屋ホテル	（義）監査役	（義）監査役	（義）監査役
南海炭鉱		（義）取締役	（義）取締役
八勝倶楽部	（義）取締役	（義）取締役	（義）取締役
豊国セメント	（義）取締役	（義）取締役	（義）取締役
満州鋼機			（義）相談役
名岐自動車道	（義）監査役		
八重垣劇場	（義）社長	（義）社長	
矢作水力	（民）顧問（義）取締役	（義）取締役	（義）取締役
矢作製作所		（義）監査役	（義）監査役

【上記以前の時期に就任が判明しているもの】

愛知電気鉄道	（義）取締役
九州電気製鋼所	（義）取締役
下出書店	（義）経営者

注：役職名頭部の略号　（民）＝下出民義氏　　（義）＝下出義雄氏
　　長体文字は会社名変更＝変更後の社名
　　☆印は確認できていないが推認される役職
出所：主として東邦会『真面目の系譜——東邦学園七十五年記念誌』により、筆者作表

　この表には、名古屋で実業界に関わり始めてから 20 年ほどを経た 1936（昭和11）年から 1942（昭和 17）年へかけての、民義と義雄の役職就任状況を併記しているので、義雄が経営者として親から自立していく過程を読み取ることができる。

　また、父親から譲られた事業でも義雄が引き継いでから飛躍的に発展した企業がいくつか見られる。中でも目立って成長を遂げたのが大同電気製鋼所（現、大同特殊鋼）であった。大同特殊鋼の社史類によると、同社の淵源は下出民義が初代社長を務めた「木曽川電力」で、当時福澤桃介が寒川恒貞に依頼して木曽川水系で生まれる余剰電力の利用法として木曽川電力の一隅で製鉄（その後、製鋼に変更）を試み、製品化のめどがついたところで 1918（大正 7）年に「木曽電気製鉄」（本社名古屋）として独立させた。この年、下出義雄は入社後 2 年を経過していたはずで、しかも同社の支配人であったから、当然かなり重要な役割で関わっていたはずである。同社は翌年「木曽電気興業」と改称、1921（大正 10）年その製鉄部を再び独立させて「大同製鋼」が設立された。なお、この社名は後に再度使われる。翌 1922（大正 11）年社名「大同製鋼」を「大同電気製鋼所」に変更し、翌年再び「大同製

鋼」に戻された。こうした煩雑な社名変更や組織替えは、同社が合併をくりかえす過程で起きたものであった。

　なお、この間に大同製鋼の経営者は、初代社長下出民義、2代目福澤桃介、3代目寒川恒貞、4代目下出義雄と移り、戦後1946（昭和21）年に5代目中村秀夫に引き継がれた。

Ⅲ　戦争体制下の下出義雄

1　大同製鋼社長と東邦商業学校校長

　下出義雄が大同製鋼社長（在任は、1931年6月11日～1946年2月25日）に就任した1931（昭和6）年6月は、その3か月後（同年9月）にいわゆる「満州事変」が起き、日本が大々的に中国東北部を侵略し始めた時期であった。当時、主要な民間製鋼専業メーカーとしては大同製鋼と神戸製鋼ぐらいしかなかった時代であるから、海軍、陸軍が競って「鋼」生産を依頼してきた。次第にそれは「命令」に変わっていくが、ともかく重要軍需工場であった。義雄自身は、これまで彼が話した内容や書き残されている資料から判断すると、とくに国粋主義的な様子はないが、当時の多くの日本人と同様に日本の国威発揚を重視する「国家主義者」の一人であったと判断される（例えば、『（叢書13）戦時下の中部産業と東邦商業学校——下出義雄の役割』110-111ページに収録した1940（昭和15）年の「産業報國の理念」参照）。しかもそれは、渋々従うというのではなく積極的に推進する姿勢であった。

　大同製鋼では国の呼びかけよりも2年ほど前から社内に産業報国組織をつくって、生産目的を国の方針に合わせようとしたり、東邦商業学校（男子校）に体育系クラブとは別に「東邦健児団（校内名称は健児部）」を組織して、すべての生徒を「健児部か体育系クラブのどれか」に所属することを義務付けた。健児団はボーイスカウトの日本版組織であったが、別に国家統制に属する側面を持つ活動でもあった。体育活動を重視したのは東邦だけではなく、同じような時期に設立された中京商業学校なども「野球」に異常なほど力を入れていたが、体育系が揃って傑出していたわけではなかった。他方の東邦は、たしかに野球部が注目を集めたが、蹴球（サッカー）や陸上、水泳、剣道、文科系でも珠算部や弁論部、初回のブラスバンド全国大会で優勝した音楽部など、しばしば全国大会に出場したクラブも多く、野球部もその一つという位置づけであった。こうした実績の解釈はいろいろと可能で

あるが、いずれも当時の日本（政府）が望んだ青年を積極的に育てようとしていた
側面が目立つ。

そうした義雄の積極性は、当時日本をリードしつつあった軍部としても好ましい
姿勢であり、当時の高位軍人や政治家などもしばしば大同製鋼を訪れていた（同書
104-107ページ参照）。

2　大政翼賛会と翼賛議員

やや話を戻して、1932（昭和7）年には中国東北部のソ連国境占領地に「満州国」
を建設し、さらに北のモンゴル（現、中国内モンゴル自治区）方面へ戦線を拡げ、併
せて東南アジアも含めた「大東亜共栄圏」構想を打ち出して1937（昭和12）年に
は一連の勢力拡大策を「大東亜戦争」と呼び始めた。同じ年に中国南部では南京攻
略戦がおこなわれ、南京を陥落させた。1938（昭和13）年には「国家総動員法」を
制定して戦争拡大に備え、1930年代を通じて中国での侵略範囲を拡げた。1940（昭
和15）年には「紀元二千六百年」と呼ぶ建国史を強調して、一大国威発揚キャン
ペーンを張った。その反面では戦争に批判的な人たちを「危険思想」とみなして収
監し、思想転向を迫って少なくとも表立っては戦争批判できないようにして国内は
戦争協力者一色に染め、おもに思想的に戦争遂行体制を強化した。

翌1941（昭和16）年10月に東條英機（本書第6章木村論文参照。1939（昭和14）
年中将時代に大同製鋼訪問）が首相に就任し、同年12月にアメリカとイギリスに宣
戦布告して、従来の中国大陸に加えて太平洋戦争にも突入した。当時「南洋」と呼
んでいた東南アジア地域に展開した日本軍は、開戦1年後には早くも劣勢に立た
され始めるが、なお戦争を遂行するために1942（昭和17）年5月に「大政翼賛会」
を組織して、国力の総動員規模を広げた。「大政翼賛会」の組織化過程で、下出義
雄は同会の愛知県支部長に推挙され、就任した。同時に中央委員にも推挙され、そ
のメンバーになった。同じ時期に、直接には、次に述べる選挙準備のためであった
と推察されるが、東邦商業学校校長の職を辞している。

大政翼賛会成立の直前、同年4月に衆議院選挙が行われ、国策協力議員の多数派
工作がおこなわれた。いわゆる「翼賛選挙」である。官憲による選挙干渉も露骨に
おこなわれ、衆議院のほぼ9割が翼賛議員で占められるという異常な議会構成に
なったことで知られている。この選挙に義雄も推挙されて名古屋1区（定員3人）
から立候補し、トップ当選を果たした。その頃、父民義は貴族院議員3期目で、親

子で貴・衆両院に議席を占める結果になった。所属政党は、父親は「政友会」の古くからのメンバーで、恐らく同じ党派に所属した可能性があるが、実際には義雄当選以前に政党もすべて解散させられていたため、所属政党はなかった。

議会の委員会としては満州経営事務局と労働委員会に所属し、我が国最初の労働法の立案に関わっていた（前掲叢書 13 所収、榊論文「衆議院議員としての下出義雄」参照）。

義雄が国会議員になってからも戦局はますます悪化し、上記の経歴から推察できるように、恐らく日本の敗戦状況は、一般人が「勝っている」「まだ勝てる」と信じ込まされた「大本営発表」とは別の、もう少し実態に近い情報をつかんでいたと推察される。終戦直前には、名古屋大津通り（現、松坂屋本店と三越百貨店の間）の邸宅が戦災で焼失し、東山の邸宅に移っていたが、ほぼその時期から体調を崩して、そのまま隠遁生活のような状態で終戦を迎え、1958（昭和 33）年 1 月に逝去した（前掲、表 1-1 参照）。

なお、義雄は 1946（昭和 21）年 1 月に連合国最高司令官覚書によるいわゆる「公職追放」を受けている。7 項目の追放対象要件の「4　大政翼賛会等の政治団体の有力指導者」に該当したためであろうと思われる。しかし、その直前から事実上の隠遁生活状態であったため、とくに大きな影響はなかったが、公職ではない民間企業の役職もほとんど放棄した状態になっていたようで、現在判明しているのは名古屋株式取引所理事長の職だけである。同所長職は父民義の後を継いだものであったが、終戦間際の株式取引所の改廃や 1949（昭和 24）年 3 月の「名古屋株式取引所」再開、同年 4 月の「名古屋証券取引所」への改組時期にも一貫して理事長を務めていた。

Ⅳ　知識人・文化人としての下出義雄

1　父民義の積極的な支援

下出義雄の文化方面への関心については、本叢書の前号『（叢書 28）下出民義父子の事業と文化活動』で発表したばかりであるから、ごく簡単な紹介にとどめるが、父親がおもに息子たちを支援する形で資金提供しており、一見、「儲け」にならないような活動でも積極的にできたようである。上記の新著では文化的活動として「下出書店」「明治文化全集」「東邦商業新聞」「八重垣劇場」「東邦商業野球部活

動」を取り上げているが、「下出書店」は岩波書店開業の翌々年 1915（大正 4）年に東京・青山に創設され、数年間の準備期間を経て 1921（大正 10）年と 22（大正 11）年におよそ 40 冊の新刊書を集中的に発刊した後、1923（大正 12）年 9 月に関東大震災で居宅も倉庫も全焼して廃業を余儀なくされた、悲運の出版社であった。その後、朝井佐智子の研究で、弟の下出隼吉が事務局を務めていた日本社会学会の最初の機関誌（月刊）『社会学雑誌』が、発行人が下出義雄から下出隼吉に代わって下出書店から出版されていたことが判明し、学会機関誌発行所として 1931（昭和 6）年まで存続していたことが明らかになった。

　震災による出版社としての下出書店の損害額は「六、七万円」とされていたが（北山米吉『財人　この人を見よ』270 ページ）、経費はすべて民義が負担し、何事もなかったかのように終わった。ただし、同書店から発刊された書籍類は、日本では（ヨーロッパでも）まだ創世期にあった社会政策系の本が多く、研究者の間では長らく「哲学の岩波、社会政策（または社会科学）の下出」と呼んで珍重された。

　関東大震災によって多くの文物が喪失したため、吉野作造らが「明治時代の文献」の喪失を憂い始めた。そこで吉野らによって「明治文化研究会」が組織され、明治期の文献収集が始まった。やがて明治期発刊文献集成の出版が企画され、その費用支援の相談が下出民義にもたらされた。政治・経済・文化などの各分野にわたって残すべき本が選抜され、詳細な解題が付けられて、各冊 1,000 ページ近い資料集 24 冊から成る『明治文化全集』が逐次発刊された。一般受けする本ではないので、経費がかかる割にはそれほど売れなかったのではないかと推察される大型全集であるが、その資金も下出民義が支援した（『下出民義自伝』）。なぜ、この大型企画と下出民義が結びついたのかは謎であったが、『（叢書 28）下出民義父子の事業と文化活動』の高木論文「『明治文化全集』と下出隼吉」で解き明かされた。民義の次男隼吉がこのうち何冊かの編集と解題を受け持っていたのであった。

　そのほか、同書木村論文でも取り上げた洋画専門館と評価されていた「八重垣劇場」（実際は現代演劇や歌劇など映画以外の試演的な演劇も演じられていた）、日本版ボーイスカウトでもあった「健児団」活動、「鈴木バイオリン」の経営立て直しや、まだ取り上げていない「名古屋合唱団」「名古屋家庭購買組合」など、無収入や赤字覚悟の文化的活動や社会活動などにも積極的に取り組んでいた。「東邦商業学校」の経営自体も、戦争がたけなわになると教員は兵役に生徒は工場動員に連れ出され、物資統制と配給制が強化されるにつれて「商業教育無用論」まで台頭して、つ

いには商業学校としての生徒募集ができなくなり、1944（昭和19）年4月には定員100人の「大同工業学校北分校」として募集する事態になった。当然のように学校運営での採算は赤字で、「その不足分は下出家から出ていた」と言われる。この時期の商業学校経営の困難は東邦商業学校だけの事態ではなかったが、こうした経過を見ると私立の商業学校経営自体が社会奉仕活動でもあった。

2 人使いのうまさ

　中部産業史研究会の月例研究会（公開）では、大同製鋼を主とする本業で忙しかったはずの時期にも下出義雄が次々と全く別の大仕事を手がけていく手法についても関心が集まっていた。その点については、2015年に朝井佐智子が下出書店の企画・出版実務者は1941（昭和16）年から『日本産業報国新聞』社長なども務めた杉原三郎であったことを明らかにし、2017年には木村直樹が八重垣劇場の運営や上映映画の選定は、石巻良夫であったことを突き止めた。石巻良夫は愛知県岡崎市の出身であるが、名古屋の代表的日刊紙であった『名古屋新聞』や『扶桑新聞』で健筆をふるい、「名古屋を代表する社会主義理論家」などとも評された理論家であった。とくに映画への造詣が深く、『キネマ旬報』にも記事を提供し、短期間ではあったが名古屋に撮影所を開設したほどの映画人であった。

　大同工業学校についても、同校の後身である大同大学大同高校の山元章人教諭らによって編集された校史テキスト『汗と愛』によると、東北帝国大学（現、東北大学）出身の錦織清治に運営を任せた経過が紹介されている。錦織は金属学で知られた東北帝大工学部助教授在任中の1935（昭和10）年に大同製鋼に招聘され、金属組成や炉材の研究に当たっていた。1940（昭和15）年に大同工業学校が開設されると同校校長となり、1962（昭和37）年には大同工業短期大学、1964（昭和39）年には大同工業大学のそれぞれ初代学長に就任した。

　そのほかの諸事業についても、そういう「代行者」を見つけては委ねる方式が取られていた可能性があり、どうやら下出義雄はそうした適材を見つけ、恐らく基本的な要所は指示もしくは相談しつつ、大胆に任せる手法で事業を拡大していたと推定され、人使いのうまさに注目している。

V　3つの「下出文庫」

1　「（愛知東邦大学）下出文庫」

　本書でも随所で「下出文庫」資料を引用したり参照したりしているが、「下出文庫」には2系統、3種類がある。結果的には「（東京大学）下出文庫」がもっとも古かったが、長らく「幻の下出文庫」状態で手を付ける機会がなかった。正直に言えば現存するかどうかも不確かだと考えていた。詳しい再発見経過は後述する。また、このほかにごく少数、東邦高校図書館にも分蔵されている可能性があるが、今では識別が困難で詳しくは調べていない。少なくとも「下出文庫」等の名称で別置されている書籍はない。

　次が、「（愛知東邦大学）下出文庫」である。正確には単に「下出文庫」と呼ばれているもので、1965年春に東邦学園短期大学開設に先立って、次に述べる「東邦学園下出文庫」（この名称は後から付けたもの）から書籍として整ったもの1,900冊余を選抜し、大学図書館の蔵書として開架室に別置したものである。現在はそのまま愛知東邦大学に引き継がれて、短大時代と同様に「下出文庫」として別置し、開架閲覧に供されている。

2　「東邦学園下出文庫」

　「東邦学園下出文庫」の由来や内容（資料構成）は『東邦学園下出文庫目録』の「解題」に詳しいが、現、知多市長浦地区にあった下出義雄旧宅の書庫にあった書籍・資料類が、同氏没後、旧宅を処分する折に東邦高校（千種・赤萩）へ寄贈され、東邦高校（平和が丘）新築に際して本館屋上にブロック造の無窓書庫を増築し、書架を配置してほぼ10kg入りミカン箱大の段ボール箱157個に収納した書籍・書類を箱ごと収蔵した。その時点では上記の「（愛知東邦大学）下出文庫」は短大図書館へ移動していたので、いわばその残りである。

　これを、2007年度から愛知東邦大学地域創造研究所が所管することになり、折よく編纂中であった『名古屋市史』や『愛知県史』の「近代」担当研究者らの協力を得て、目録取り（カード化作業）し、学園総務課職員の協力で片端からパソコン入力して、2008年に印刷目録『東邦学園下出文庫目録』を発刊し、同時に一般閲覧を開始した。1930（昭和5）年頃から1955（昭和30年）年頃までのほぼ25年間にわたる、1万4,000点余の資料群であった。その折に、上記大学図書館の「下出

文庫」との混同を避ける必要から、この分を「東邦学園下出文庫」と名付けた。

　同資料は、その後、愛知東邦大学図書館に移管され、現在は、インターネットでも検索できる形で公開されている。ただ、資料の劣化が進んでいるのと、利用頻度が低いので開架には適さず、閉架式・事前予約制で公開されている。

　前述のような下出義雄の実業、教育、文化、政治にまたがる活動の幅広さに加えて、それぞれの分野でかなり高い地位や役職に就いていたことを反映して、集積された書類には、通常の人では見ることもできなかった「㊙」「軍秘」「特高警察資料」なども含まれている。しかもこうした資料の多くは、戦後、連合軍（実態はアメリカの占領軍）駐留前に一斉に焼却されたが、その時期に義雄は事実上隠遁状態で名古屋市東端の東山に住み、書類が置かれた知多半島の「長浦の書庫」には近づかなかったため、いわば忘れられた状態で温存された。特定の系統立った資料ではないので、内容は多方面にわたるが、残存資料がきわめて不足している第二次大戦直前から戦時中へかけての（一部は終戦直後も）空白を埋める資料群である。

3　「（東京大学）下出文庫」

　東京大学（社会学研究室）にも「下出文庫」がある。名古屋の東邦学園内にある「下出文庫（東邦学園下出文庫を含む）」と区別するために、「（東京大学）下出文庫」と表示しておくが、中部産業史研究会ではこれまでに3次にわたり7人が調査に訪れた。

　その結果、これは義雄の弟（民義の次男）の下出隼吉が所蔵した資料類で、当初は東京に集められていたが、33歳の若さで没後名古屋の父親が住む下出家へ運ばれた。その後、東京大学の関係者の要請に応えて寄贈することになり、7個の木箱に詰めて再び東京へ運んで東京大学社会学教室の管理に委ねられたものであった。

　東京大学社会学教室で管理されている理由は、隼吉が東京大学文学部で当時日本で始まったばかりの社会学を専攻したからであった。そればかりではなく、同学部副手・明治学院講師時代に日本社会学会の設立当初から事務局を担当し、必要に応じて父民義から資金援助も得ながら、初期の社会学会運営を担いつつ、その機関誌（月刊）『社会学雑誌』の編集・発行に当たってきた経過もあった。日本社会学会は、創立以来今日まで一貫して事務局を東京大学社会学教室に置いており、隼吉が集めた書籍である「（東京大学）下出文庫」をもっとも利用しやすい場所であったからである。

第2章　下出義雄のめざした
　　　　教育に応えた教師たち

中村　康生

I　はじめに

　東邦商業学校の1923（大正12）年開校に始まる学校法人東邦学園の歴史は2018
年で95周年を迎えた。筆者は2017年5月から、東邦学園ホームページ上で、卒
業生らへのインタビューを試みながら学園史の検証と新たな史実の発掘をめざした
企画「語り継ぐ東邦学園史」の連載に取り組んでいる。連載は2018年2月1日現
在で24回を数えた。

　戦前の学園史を知るうえでの貴重な史料となったのが『東邦商業新聞』であっ
た。新聞は1927（昭和2）年5月から1940（昭和15）年10月まで、日本が太平洋
戦争に突入していく前夜とも言える昭和時代前期の13年間にわたって発行され
た。

　保存されている『東邦商業新聞』は1928（昭和3）年6月23日の10号から「廃
刊の辞」が掲載された1940（昭和15）年10月26日の111号までであるが、『東邦
商業新聞』の前身として『東邦』という校友会雑誌が存在した。1号は1925（大正
14）年7月15日に創刊され、創設者である下出民義が「本校教育の理想」と題す
る巻頭文を掲載している。巻頭文は『東邦学園創立七十五周年記念　真面目の系
譜』（以下、75年史、pp.100-101）にも転載された。

　民義のめざした教育の理想はどのようなものだったのか。現存する1926（大正
15）年に発行された『東邦』3号、4号、『東邦商業新聞』10号以降の紙面、そし
て「語り継ぐ東邦学園史」の連載を通して見えてきた学園草創期の動きをもとに、
下出民義、義雄が東邦学園でめざした教育、それに応えた教師たちについて考察す
る。

Ⅱ　下出義雄が期待した学校新聞による社会化

1　初代新聞部長の回顧

　1939（昭和14）年5月31日発行の『東邦商業新聞』100号には「東邦新聞を回顧す」と題する歴代新聞部長の回顧談が掲載されている。初代部長として寄稿したのは日下部盛一である。

　日下部によると、1927（昭和2）年の『東邦商業新聞』発刊当時、全国では大学やわずかな専門学校において学生が編集、運営に関わる学校新聞が発行されていた。しかし、中等学校においてはその例は聞かれず、東邦商業が先鞭をつけたという。

　日下部によると、東邦商業は創立者下出民義の方針に従って、在来の画一、形式教育を排し、情操教育、個性開発教育を旗印とした。このため、教育方法も健児団（ボーイスカウト）活動を始め様々な形式がとられたことで、情操豊かな生徒が多く、生徒の個性も様々な形で現れた。その一つとして、文学に趣味を持つ生徒たちが『燕の巣』と題する同人誌を発行していた。「その内容などなかなか自由奔放で実際に興味深いものがあった」と日下部は回顧している。

　一方、校主代理（1928（昭和3）年度から副校長、1934（昭和9）年9月1日から校長）だった下出義雄は、「従来の社会生活に迂遠な学校教育、即ち生徒の校内の生活概念を常識的に社会化するには学校新聞は極めて効果があるべし」との方針を示していた。日下部はこうした中で、『燕の巣』に加わった生徒たちの活動が、『東邦商業新聞』の発刊に発展したという。そして「茲（ここ）に東邦商業新聞が呱々（ここ）の声（産声）をあげたのである」と回想している。

　日下部によると、『東邦商業新聞』発刊当初は経営、編集、一切が『燕の巣』の同人に任せられた。文才の士が多かったものの、広義の新聞としての体裁からいえば理想にはなおほど遠きものがあったという。それでも日下部は「中等学校、しかも実業学校生徒の編集としては申し分がなかった様に思う」と振り返っている。

2　校友会雑誌『東邦』創刊号

　『東邦商業新聞』100号には当時の新聞部が主催した下出義雄校長や教員、卒業生らによる「大東邦学園回顧座談会」も掲載されている。座談会名に「大東邦学園」を掲げたのは、司会をした新聞部長の三宅貫一が「創立満16年、卒業生1540

名に及ぶ大東邦になった」と述べていることに由来するものと思われる。

　この中で下出義雄は、『東邦商業新聞』について、「一番の始まりは雑誌だった」と述べている。初代校長である大喜多寅之助（前名古屋市長で弁護士）らの難解な論文が掲載されたという。

　この「雑誌」について『東邦学園五十年史』（以下、50年史、p.24）は、「雑誌『東邦』を指すのかも知れない」と指摘している。『東邦』創刊号に掲載された下出民義の「本校教育の理想」という巻頭文を掲載した75年史も、『東邦』について、「東邦商業新聞の前身というべきものであって、内容は情報誌というより、本校教員の論説・小論文がまとめて掲載されており、専門的なものである」と解説している。

　『東邦』創刊号に掲載された下出民義の「本校教育の理想」は東邦商業学校設立の意図と方向を明確に示している。

　民義は、東邦商業は私立学校であり、個人が理想を掲げて私費を投じて設立するのであるから官公立学校とは出発点において相違がある点を指摘。自身の実業界、政界で歩んだ人生晩年の事業として、社会の求める実業青年を作ることで社会報恩に資するために創立に至ったと書いている。

　その上で民義は「官立学校にありがちな乾燥無味の弊に陥らず、本校を組織する教師、生徒を通じて、そこに一つの美しい師弟の情の沸き出ずる気分、秩序の維持と品性の向上に最善を尽くしたいと考えている」と熱い思いを述べている。そして民義は、「試験は人生の階段であると思へ。之を昇らなければ到底社会のリーダーとなることはできない。あくまで勇敢に戦わねばならぬ」と訴えた。

　文久元（1861）年生まれの民義が63歳の時の、『東邦』創刊号を通しての生徒たちへの檄文でもあった。

　創刊号の所在は不明だが、75年史には「下出紀子氏（下出義雄の二男で第3代理事長下出貞雄の妻）蔵」として『東邦』創刊号（第1号）の目次も兼ねた表紙の複写写真も掲載されている。

第1号目次

本校教育の理想　校主　下出民義

質実剛健の気風（承前）　校長、法学士　大多喜寅之助

—その現代社会に於ける意義と作興に関するコペルニクス的理論展開—

論説

カーライルの「現在及過去」を読みて　講師、商学士　下出義雄

コードの研究（暗号電信）　教諭　橋本千一

個性教育の提唱　教諭　日下部盛一

社会学の一般概念に就て　教諭、文学士　大山彦一

賃借対照表の意義及其分類　教諭　魚住義紀

ヴィターミンに就て　教諭　森常次郎

義理に関する一考察　講師、文学士　下出隼吉

3　『東邦』3号、4号

　『東邦』は東邦商業学校が発行する「校友会雑誌」として発刊され、第3号は 1926（大正15）年3月10日に、第4号は同年12月15日に発刊された。第1号同様、小論文が中心だが、文芸、学校ニュース記事も目立つ編集となっている。

　第3号は86ページの編集で、巻末に職員28人を紹介した名簿が掲載されている。28人は校長の大喜多寅之助、日下部盛一ら教諭9人、講師の肩書で下出義雄、義雄の弟である隼吉、重喜ら16人が名を連ね、これに校医2人である。

　28人中、東邦商業開校の1923（大正12）年4月1日付での就職者は7人で、大喜多寅之助、下出義雄、隼吉、日下部盛一らであるが、教諭としての就任は日下部だけである。日下部は東京外国語学校出身で英語を担当した。

　初代新聞部長を任せられた日下部は開校当時から下出義雄のもとで教育現場にいた教員であった。第1号で「個性教育の提唱」の論文を寄稿していることからも、学校生活における生徒たちとの関わりが多かったものと推察される。

　第4号の巻末ページ（p.86）に掲載された「編集室より」によると、編集室担当者のトップとして文芸部長の日下部の名前が記されている。『東邦商業新聞』100号での回顧談で日下部は「発刊当初にも、宮本、高田など文才の士が多かった」と述べているが、「編集室より」で紹介されたメンバーにも「委員」として3年生の高田末夫の名前がある。委員としては高田を含め4年生（1回生）2人、3年生（2回生）2人、2年生（3回生）1人の5人名前が掲載されている。

　また、日下部が回顧談で、高田と並んで挙げた「宮本」は、東邦商業同窓会名簿（1954年発行）の1回生に、「歌人」として掲載されている宮本勇である。

　『東邦』の3号、4号とも、小論文の掲載とともに、文芸欄、学園ニュースも多

く、実質的には学校新聞の内容とも言えた。4号の文芸欄では日下部が健筆をたたえた4年生の宮本勇、3年生の高田末雄の署名文章も見られる。

さらに4号のニュース欄には「下出先生御消息」として、この年（1926（大正15）年）、欧米における産業ならびに社会的諸施設視察のため、名古屋実業団一行としてアメリカに旅立った下出義雄の動向、義雄から寄せられた便りも掲載されている。学校日誌や弁論部、陸上競技部などの部活動の活躍記事もある。88ページ中、38ページからはこうした文芸、ニュース記事で埋められているほか、写真ページもあり秋季運動会、下出義雄らも加わったボーイスカウト活動、欧米歴訪中の下出義雄らの写真も掲載されている。これらの点からも、『東邦』は雑誌形式でありながら実質的に内容は新聞であったと言える。

当時発刊された大学新聞でも雑誌形式から新聞形式に移行した事例はあった。筆者が学生時代に発刊に関わった『法政大学新聞縮刷版1』には1930（昭和5）年5月22日発行の『法政大学新聞』1号から1955（昭和30）年10月15日発行の299号までのほか、正式発行前、1928（昭和3）年12月14日発行のテスト版とも言える「試輯」号も収録されている。新聞形式ではなく12ページ建て雑誌形式「学友会報別冊」で、「理論の性格」と題する文学部哲学科教授の三木清の論文から始まり学園ニュース記事や野球などスポーツ記事、映画評論などで埋められている。

4　下出民義、義雄が求めた情熱をもった教師

下出民義は『東邦』創刊号の「本校教育の理想」と題する巻頭文で、「教師、生徒を通じて、そこに一つの師弟の情の沸き出ずる気分、秩序の維持、品性の向上に最善を尽くしたい」と書いた。

『東邦』第3号には、校主代理であった下出義雄の父兄会におけるあいさつの要旨が掲載されているが、義雄もまた、「教師の就任に際しても、若き人々の心も充分了解し得て、父の如く、又、兄の如く、愛と情を以て日々教育の任に当たりえる方にお願いしているものであります」と述べている。

3号には、校長である大喜多寅之助がやはり父兄会で述べた内容が、「本校の教育方針」と題する巻頭文として掲載されている。大喜多もまた、学校教育の充実のためには、第一に「先生の選択」に最大の注意を払っていると強調し、「之に最善の注意を払うということが私の慮（おもんばか）る所である」としている。

民義、義雄、そして大喜多も、東邦商業が教育の理想として掲げる「現代社会の

第1部　下出義雄の教育活動

表 2-1　1926（大正 15）年 3 月の職員名簿

氏名	職名	出身学校	称号	就職年月日	受持学科
大喜多寅之助	校長	東京帝国大学	法学士	大正 12.4.1	法制
橋本千一	教諭	神戸高等商業学校		大正 14.6.1	修身、英語
日下部盛一	同	東京外国語学校		大正 12.4.1	英語
重富實造	同	神戸高等商業学校		大正 14.6.19	要項、簿記
魚住義紀	同	慶應大学理財科		大正 13.4.1	簿記、地理
井上志郎	同	東京商科大学		大正 14.9.1	経済、英語
森常次郎	同	富山薬学専門学校		大正 14.4.20	物理、代数
中村鉄次郎	同	愛知県師範学校		大正 13.6.23	国語、漢文
水谷徳成	同	曹洞宗大学		大正 14.10.27	国語、漢文
石田孝一	同	陸軍戸山学校		大正 13.6.23	体操
下出義雄	講師	東京商科大学	商学士	大正 12.4.1	修身
下出隼吉	同	東京帝国大学	文学士	同	同
下出重喜	同	慶應大学政治科		大正 15.3.1	体育
伊東三三雄	同	東京商科大学	商学士	大正 12.4.1	要項
大喜多光	同	東京帝国大学	法学士	同	法制
岡田辰三郎	同	京都帝国大学	法学士	大正 15.3.1	要項
T. Bielefeldt	同	スタンフォード大学	B.A	大正 15.3.4	英語
隅山馨	同	神戸高等商業学校		大正 14.6.1	英語
原照	同	神戸神学校		大正 13.1.15	歴史
吉橋丈太郎	同	早稲田大学		大正 12.5.3	商算
原田實	同	京都高等工芸学校		大正 13.6.11	図画
梅村甚太郎	同	三重師範学校		大正 12.5.3	博物
森本一男	同	盛岡高等農林学校		大正 13.6.1	博物
寺尾清治	同			大正 13.11.25	珠算
井川一	同	愛知薬学校		大正 14.10.11	地理、博物
青井節郎	同	愛知医科大学	医学士	大正 14.11.3	体育
岡田鶴也	校医		医学博士	大正 12.4.1	
林直比古	同			大正 13.4.1	

出所：『東邦』第 3 号 p.79 に掲載

　求むる信用ある実業青年づくり」のために情熱を持った教師の配置を重視したのである。

　『東邦』3 号に掲載された職員名簿では、開校 3 年目にあたる 1925（大正 14）年

度の28人の職員氏名、職名、出身学校、称号、就職年月日、受持学科が紹介されている。

『東邦』3号には名簿に掲載された教員4人が小論文を寄稿している。修身、英語担当の橋本千一教諭は「経済統計に関する著書」、国語、漢文担当の水谷徳成教諭は「日本の文化的使命と仏教」、簿記、地理担当の魚住義紀教諭は「『商港』に就いての研究」、経済、英語担当の井上志郎教諭は「経済奴隷」のテーマで執筆している。

東邦商業が第1回卒業生を送り出したのは1928（昭和3）年3月だが、50年史（pp.16-18）によると、1929（昭和4）年度の有資格教員は23人（帝大卒1、官公私大卒3、高師卒1、検定6、官公立専門学校卒12）、その他教員8人（陸軍関係2、武道1、その他5）で計31人とある。

『東邦』3号に掲載された職員名簿には英語を担当するT. Bielefeldt（スタンフォード大学卒）の名前もあるが、50年史によると、1928（昭和3）年ごろまでの間に、他にゲッツーパーク大学卒のアメリカ人教師が教壇に立っている。

5　上級学校進学希望者への指導

『東邦』3号の名簿上での「就職年月日」は、当時の在校生たちの書き残した記録と食い違っているケースもある。「語り継ぐ東邦学園史」の第2回「夢を応援する教師」で、医師志望の1回生近藤博の進学指導に力を注いだ森常次郎の場合、名簿上の就職日は「1925（大正14）年4月20日」であるが、1回生の松本次郎は、1953（昭和28）年10月に同窓会「東邦会」から発行された『追憶の記』への寄稿で、森常次郎の着任は1924（大正13）年であると明確に記している。

松本は『追憶の記』で、森について次のように書き出している（p.41）。

「〝オイ、物理化学の先生は富山薬専の出身だとさ〟と、春の陽をいっぱいに浴びた2年生の南西角の教室では、生徒たちが新任の先生への面接の期待に胸ふくらましてとりどりの風評をしていた。大正13年の新装なった東邦商業校舎における1回生の第1回の物理の講義授業だった。やがて現れた先生が、〝私が森常次郎です。若い諸君と心を一にして懸命に勉強して公立学校に負けない実力を身につけましょう。物理や化学は商業学校の生徒には、直接には役立たぬ様に思われがちな科目ですが、これからは科学の知識がなければ何事にも適格な判断が出来兼ねる時代になる。諸君はここに思いを致して、一緒になって愉快に研究しましょう〟と三重県な

まりのかなり強いお言葉であいさつされた」。

　森は名簿上よりは1年前から教員の仕事を開始していたのである。

　大正時代から昭和時代前期にかけての中等学校においては、上級学校への進学は中学校、高等女学校からが一般的であったのに対し、東邦商業学校など甲種実業学校は、将来、高等教育を受けさせようとする家庭の子弟が進学するための学校ではなかった。東邦商業がめざした教育は、社会の中堅的商業実務を担う人材養成だった。しかし、実際には入学者たちの中には上級学校進学を志す生徒が少なくなかった。「語り継ぐ東邦学園史」連載にあたっての卒業生たちからの聞き取りによっても、親の経済的要因、あるいは学力的な要因で官立中学校への進学を断念しての入学者が少なくなかった。

6　医師になった卒業生

　物理、代数を担当した森常次郎は四日市市の富田中学校を経て富山大学薬学部の前身である富山薬専で学んだ。森は1900（明治33）年2月12日生まれであるから24歳の時の就任であった。松本は森の熱心な教え方により、商業学校の生徒たちにとっては不得意科目になりがちな物理や化学も人気科目になっていったことを書いている。

　森は上級学校進学希望者たちのための時間外指導にも力を注いだ。1回生では名古屋高等商業学校に進学希望だった松本、坂柳太一、医師志望だった近藤博らがその親身の指導を受けた。とりわけ医学部進学をめざす近藤への指導について松本は『追憶の記』に、「全く遅くまで、親身も及ばぬお世話をされている情景に接すること度々で、先生のモットーは〝頑張れ〟であった」と書いている。

　1回生の近藤は1928（昭和3）年3月に東邦商業を卒業し、1932（昭和7）年に名古屋医科大学（名古屋大学医学部の前身）に入学した。当時の名古屋医科大学の入学資格は「高校卒か愛知医科大学（名古屋医科大学の前身）予科（3年制）修了」であり、森は近藤から愛知医科大学予科受験の指導を受けたものとみられる。

　1935（昭和10）年7月18日『東邦商業新聞』61号には、「草分け時代を語る　1回生の会」が開催された記事が掲載されているが、出席した15人の1人として近藤は「名古屋医科大学の4年生。東邦最初の有力な医博候補者」として紹介されている。

　1936（昭和11）年3月に名古屋医科大学を卒業した近藤は第1外科に入局し、日

赤名古屋病院に勤務。1940（昭和15）年に応召、上海第二陸軍病院に診療主任、中尉として勤務。1946年（昭和21）年に復員。静岡県袋井市民病院院長を経て同年11月に安城市に近藤医院を開設。安城市医師会の理事、副会長を務めたほか、同市南明治公民館館長、同公民館青年学級主事も務めた。1984（昭和59）年9月9日、73歳の生涯を終えている。

　初期の卒業生たちの消息を調べていく中で、医師となった105歳の2回生が岡崎市で存命であることがわかった。1911（明治44）年11月7日生まれの斉藤正である。斉藤もまた、東邦商業時代、森の担当する化学の授業に魅せられ薬学専門学校に入学したが、その後、医師をめざした。

　2017年2月15日、105歳の斉藤に、同居する夫婦で医師の長男夫妻とともに話を聞くことができた。

　斉藤は足助町（現在は豊田市）出身。父親が上質の炭を焼いて名古屋の料亭などに売り込み、販路を広げていくうちに開校したばかりの東邦商業学校の評判を聞き、斉藤に入学を勧めたという。

　斉藤や斉藤から話を聞かされてきた長男夫妻の話によると、斉藤は東邦商業時代、数学が好きで、さらに森が教える化学の授業に夢中になった。1930（昭和5）年に東京薬学専門学校に入学し、1933（昭和8）年に卒業。親類の助言でさらに医師をめざした。同年、昭和医専（昭和大学医学部の前身）に入学し1938（昭和13）年に卒業。医局インターンを経て1947（昭和22）年に医師免許を取得した。召集されラバウルでの軍医時代を経て、戦後は岡崎市民病院小児科部長も歴任。退職後は岡崎市内に斉藤正クリニックを開業。現在は長男夫妻が継いでいる。

　斉藤は、東邦商業時代、担任でもあった森の教える化学の授業がうまかったこと、自分より1学年上の近藤が、「医師になる」という志に向かって懸命に勉強に取り組んでいたことも大きな励みとなり、自分の進路に大きな影響を与えたとも語った。

　斉藤は『真面目の大旆　東邦学園七十年のあゆみ』への寄稿（p.67）で、東邦商業学校草創期の教員たちの思い出を紹介している。民義のめざした「師弟の情の沸き出ずる気分」ともつながる生徒と教師の距離感の近さが伝わって来る。

　【1年】▽国語・小林先生：朗読が素晴らしく現在も耳朶（たぶ）に残っている。▽英語・日下部先生：出欠は「イエス、サー」「アブセント、サー」といか

にも英語の時間らしく楽しかった。

【2年】▽代数・森先生：特有のお国なまりで懇切丁寧。理解しやすく数学の目を開いていただく。▽英語・井上先生：単語、句の暗記を奨め、英語の基礎を作ってくだされた。▽生物・梅村先生：学校への道でも常に胴乱を肩に、路傍の植物を探索され、また幻の仏法僧を求めて、夜半、鳳来寺山に登られるなど真摯な学徒で、仏法僧の鳴き声を真似て聴かしてくださるなど楽しい講義であった。

【3年】▽漢文・水谷先生：吟詠は全員を魅了し、素読で漢文の素晴らしさを教えられた。▽簿記・重富先生：温厚篤実、接するだけで心が和んだ。▽体操・石田先生：流石、戸山学校出身で、技が勝れ、きかん気の先生だった。

【5年】▽英語・滝川先生：和文英訳涵養に力を入れられ教えられた。先生の情熱は多感な少年の心を揺すった。▽商英・橋本、会計・金子、漢文・藤井、立松、国語・大山、中村、加藤、地理・鳥居、珠算・寺尾、歴史・原、図書・原田、植物・森本の諸先生。夫々特徴があり、愛称がつけられた。▽牧師・金子先生の修身。▽時々民義先生、大喜多先生の講話で道徳教育が行われた。

2年生ごろから部活が芽生え、鳥居先生指導の陸上部、蹴球部。石田先生、次いで後藤先生の籠球部。夏季知多での水泳合宿。少年団結成など次第に部活が活発となり、こうして学園創立の目標達成へのハード、およびソフト面での諸条件が必要かつ充分に整えられていった。3年秋から配属将校・新井大尉、次いで杏少佐、助教・伊藤准尉の諸氏による学校教練が始まった。

斉藤は東邦商業には「真面目」の教育が生徒全体に浸透していて、自分が頑張って医師になれたのも、陸上競技や籠球部など相次いで運動部が誕生し、斉藤と同じ同級生たちがそのリーダーとして後輩たちを牽引した原動力も、「〝真面目な姿勢であれ〟という教えが徹底していたためであった」とも語った。

7　1回生の卒業名簿

『東邦商業新聞』10号（1928年6月23日）は8ページ構成だが、1面と2面ページは破れて残ってない。7面では1回生卒業生63人の「第1回卒業生名簿」（5月1日調査）を掲載している。破損があり、判読可能な範囲では33人が銀行や企業などに就職、自営業が4人、進学6人、その他は「受験準備中」（医師になった近藤博）や「病気療養中」であった。

就職先企業で多い金融関係では、百五銀行名古屋支店、名古屋銀行本店、愛知農商銀行千種支店、日本貯蓄銀行本店、明治銀行本店、村瀬銀行東支店、名古屋銀行中市場支店、第一銀行名古屋支店、三菱銀行名古屋支店、百五銀行津本店、日本貯蓄銀行泥江橋支店、明治銀行西支店、福寿火災保険、東京海上火災保険など、現在の学生たちがあこがれるブランド力のある企業への就職が多い。

金融以外でも愛知電気鉄道、愛知石炭商会、三井物産、東邦電力、大同製鋼、東邦瓦斯、名古屋中央放送局など有力企業が目立つ。愛知石炭商会は、東邦邦商業の創設者で校主であった下出民義が、大阪での小学校教員時代から志を一転して実業界に入り、名古屋に来て1889（明治22）年に29歳で創立した会社である。

上級学校への進学では名古屋大学経済学部の前身である名古屋高等商業学校に2人（坂柳太一、松本次郎）のほか、明治大学2人、日本大学、中央大学各1人と、東京の私大専門部や予科に4人が進学している。

東邦商業出身の名古屋高等商業学校生たちは5回生5人が入学した1932（昭和7）年、「名高商東邦会」を組織した。会員名簿には3回生（1930年卒）村松俊雄の名前もある。村松は名高商卒業後、母校東邦商業に教員として戻った。しかし、1944（昭和19）年12月13日、勤労動員された生徒18人とともに、名古屋市東区大幸町の三菱発動機名古屋製作所で空襲に遭遇し、森常次郎とともに殉職した。

Ⅲ　おわりに

『東邦』第4号の発刊は1926（大正15）年12月15日であるが10日後の12月25日には大正天皇が崩御した。大正時代の終焉である。そして年が明けた1927年は昭和2年であった。『東邦商業新聞』111号「廃刊の辞」によればこの年の5月に『東邦商業新聞』が創刊された。

『東邦』の3号と4号の発行間隔は7か月余である。4号発行から、『東邦商業新聞』1号が創刊された1927（昭和2）年5月までは、「昭和元年」の1週間も含めても5か月余しかない。雑誌スタイルの『東邦』は1927年度という新年度を期して新聞スタイルとなり、『東邦商業新聞』に生まれ変わったものと思われる。残存する最も古い10号が発行された1928（昭和3）年6月23日までの1年余の間に、月1回ペースで発行されたと思われるが、残念ながらその紙面は残されていない。

初代新聞部長の日下部が100号に寄せた回顧談によると、同人誌『燕の巣』の

発行に関わっていた生徒たちは、文芸部長でもあった日下部のもとで校友会雑誌『東邦』の発行にも関わった。そして、下出義雄の「従来の社会生活に迂遠な学校教育、即ち生徒の校内の生活概念を常識的に社会化するには学校新聞は極めて効果があるべし」との方針により、年号が大正から昭和に切り替わったのを機に、新聞スタイルの『東邦商業新聞』発刊に踏み切ったと見られる。

日下部が回顧談で、当時の大学や専門学校での学校新聞発行事例を紹介して、中等学校においては「東邦商業がその先鞭をつけた」と誇っているのは、『東邦商業新聞』がこの時点で、雑誌スタイルではなく新聞スタイルに移行したことを前提としてのはずである。

東邦商業学校の創立者である下出民義、創立以来、学校経営の現場に立った下出義雄の教育への思い、とりわけ、当時の社会が求めた「信用ある実業青年づくり」のために、情熱を持った教師の配置を重視しようとした熱い思いは、『東邦』や『東邦商業新聞』によって知ることができる。東邦学園の95年の歴史を検証するうえで、下出義雄がこの当時、中等学校においては例を見なかった学校新聞の発行を推し進めた意義は極めて大きい。

「語り継ぐ東邦学園史」連載タイトル

（東邦学園ホームページ　http://www.toho-gakuen.jp/history_topics）

第1回　東邦商業学校の誕生（1923）

第2回　夢を応援する教師（1924）

第3回　105歳2回生も医師（1925）

第4回　「東邦商業新聞」の発行（1927）

第5回　帝大にも挑んだ籃球部（1928）

第6回　3回生の絆（1930）

第7回　赤萩道場の伝説剣士（1935）

第8回　野球部誕生への足踏み（1928）

第9回　甲子園への試練（1932）

第10回　甲子園初出場①（1934）

第11回　甲子園初出場②（1934）

第12回　甲子園初出場③（1934）

第13回　甲子園初出場④（1934）

第 14 回　鳴海球場の沸騰（1934）

第 15 回　躍動の時代（1935）

第 16 回　「天皇機関説」を批判した野球部コーチ（1936）

第 17 回　「選手と監督で優勝」1 号の東邦監督（1939）

第 18 回　全員野球の選手群像（1939）

第 19 回　セピア色の優勝アルバム（1939）

第 20 回　躍動する時代の光と影（1938）

第 21 回　3 回目の甲子園優勝（1941）

第 22 回　商業学校不要論（1941）

第 23 回　予科練志願の夏（1943）

第 24 回　吹奏楽日本一から軍楽隊へ（1942）

【参考文献】

『東邦学園五十年史』（東邦学園、1978 年）

『真面目の大旆　東邦学園七十年のあゆみ』（東邦学園、1993 年）

『東邦学園 75 周年記念誌　真面目の系譜』（東邦学園、1998 年）

『東邦学園九十年誌』（東邦学園、2014 年）

『東邦商業学校東邦高校野球部史』（東邦高等学校野球部史編集委員会、1994 年）

『追憶の記』（東邦会、1953 年）

『東邦』3 号（東邦商業学校、1926 年 3 月 10 日）

『東邦』4 号（東邦商業学校、1926 年 12 月 15 日）

『法政大学新聞　縮刷版 1』（法政大学新聞学会、1974 年）

第3章　大同製鋼の技術者養成

青山　正治

　大同製鋼は、名古屋南部工業地区に画期的な文教施設を設置した。その施設は、日本の工業発展に不可欠とする中堅技術者と技能者育成のための学校と養成所の開設であった。大同製鋼が人材育成に求めた期待と設立までの経緯を明らかにする。

I　工業学校設立の背景

　日本の昭和初期は、1929（昭和4）年10月ニューヨーク市場での株価大暴落をきっかけとした世界大恐慌で企業の経営が難しくなり、人員整理や倒産など深刻な長期不況に陥っていた。世相は、1931（昭和6）年柳条湖事件が発端になった満州事変、1937（昭和12）年7月盧溝橋事件で日中戦争が始まり、やがて1941（昭和16）年12月太平洋戦争に突入して行く。当時の政府は、日中戦争の長期化を予想して戦時体制の措置を講じ、鉄鋼材料増産のために業界を統制する製鉄事業法、軍需工場を管理・監督する軍需工場動員法、電力国家管理法など各法令を発動した。1938（昭和13）年5月には、国家が総力で戦争を遂行するために経済、教育、産業から国民生活まですべてを統制する国家総動員法を施行した。戦時体制に入った政府は、国内の人的および物的資源の統制・運用を手中に収め、軍需物品の生産拡大、工場設備の拡張を企業に課した。さらにそこに働く技術者および技能者の不足に対処する施策として、文部省が学校技能者養成令、厚生省が工場事業場技能者養成令を1939（昭和14）年3月30日に公布し、4月24日文部省が改正青年学校令を施行した。この3法令は、国が強制的に学校、養成所などの管理者に対して養成する職種と定員数を定め、工場事業場の雇用主に技能者の企業内養成を義務化するものであった。

　大同製鋼株式会社（現：大同特殊鋼株式会社）も従業員を養成する責務を負った。下出義雄（大同製鋼取締役社長1931就任－1946退任、1890生－1958没）が、自らの会社で学校や養成所の設立を意図したのはいつになろうか。この設立動因は、①国

家総動員法にともなう軍需物品の生産量拡大とその人材養成のための 3 法令の発令予見、②頻繁に来訪する軍関係者からの指示、③戦時の労務統制を行う厚生省や教育を施す文部省の事前指示、によるものか明らかではない。全国の工業学校設立は、1935（昭和 10）年の青年学校令施行によって技能者の中等職業教育を目的に毎年 10 校程度増え続け、1939（昭和 14）年には 34 校も創立した [1]。全国の私立工業学校は甲種 11 校、乙種 4 校のみであったが、同年には甲種の大同、日本、攻玉社、東京電気、不二越工業学校 [2] および乙種の田子浦工業学校の 6 校が設立認可された。愛知県内では私立の大同工業学校と、公立の名古屋市立航空工業学校、愛知県機械工業学校、愛知県夜間工業学校が 3 法令公布前に認可を受けた。この事実から工業学校の急増は、所轄の文部省から県市の役所に学校設置の周知の指示がだされ、その情報を教育者でもあった下出（当時：東邦商業学校校長）が取得し、他の企業経営者に先んじて労働力確保策として工業学校設立に動いたのであろう。

1938（昭和 13）年初夏、下出は長野県木曽駒高原の山荘で朝日新聞社記者の井塚政義 [3] と戦時統制の対応について意見交換を行っていた [4]。井塚は、「戦時経済が進むことで、株式取引は弾圧され、商業流通部門から労働力が引き抜かれ、この先は商業学校の縮小や閉鎖までを予想して、対処する一方法として名古屋株式取引所理事長を辞任して大同製鋼社長の仕事に専念し、地元の工業躍進のために工業学校を建設し、東邦商業学校との統合を進言した」と言う。下出は、同年秋、当時の軍需工業の拡大強化のためにその中心となる中堅技術者の養成が差し迫った重要課題になるとして、自らの会社に工業学校の設立を決断した。これによってユニークな企業立の教育機関である大同工業学校、大同特殊鋼技術者養成所、大同製鋼技能者養成所および大同製鋼青年学校の 4 校と、同時に大同製鋼病院まで開設した。

II　学校と養成所の創立 [5]

大同工業学校の設立に当たって下出義雄社長は、1938（昭和 13）年 10 月 25 日に大同製鋼の第 34 回定時株主総会で工業学校設立の拠出金 57 万円の寄付行為の承認を得て、設立の手続きを開始した。11 月 22 日財団法人大同工業教育財団の設立許可申請書を愛知県知事に提出し、11 月 30 日文部大臣に進達された。財団設立の趣意は、我が国の工業の進歩発展に必要な人材の養成を目的とした。

学校の建設地は、通学がしやすい大同製鋼の熱田、築地、星崎工場の中間点の

道徳地区を選んだ。ここは尾張藩徳川家が新田干拓した道徳前新田で、1925（大正14）年、名古屋桟橋倉庫株式会社（創立者：福澤桃介、下出民義、松永安左エ門ら）に譲渡した新興分譲住宅地と遊興総合公園の開発地区になる（資料3-1、3-2）。学校は、この公園の南隣地で、牧野省三監督の無声映画「実録忠臣蔵」の撮影所が火災で1928（昭和3）年4月に閉鎖された跡地になる。この跡地の一部（名古屋市南区道徳新町5丁目48番地、校地10,563㎡、校舎5,861㎡）を名古屋桟橋倉庫から1938年10月15日買収し、校地とした。財団は1939（昭和14）年1月11日文部大臣より設立認可を受けて理事長に下出が就任し、同日に大同工業学校の設置認可を受けた。下出と川崎舎恒三（当時：大同製鋼常務取締役、電気炉設計・電極材料製造の企業化の第一人者、1886生－1954没）による故事の「三顧の礼」ではないが度々の懇請によって、温厚律義な倉敷市立岡山県倉敷実業学校校長の菅毅郎（1921年東京帝国大学機械工学科卒業、1898生－1962没）を2月11日初代校長に迎えた。設置学科は、本科に機械科、金属材料科各50名、第二本科・夜間に機械科、内燃機関科各50名で、教諭6名が配属された。入学資格と修業年限は、本科が尋常小学校卒業で5年間、第二本科が高等小学校卒業で4年間とした。授業料は1か月で本科6円、第二本科4円であった。受験者は6倍の倍率で、本科107名、第二本科127名が4月1日に入学し、名古屋桟橋倉庫の会館空室を借りて4月10日より授業を開始した。8月には待望のL字形本館が完成して9月1日から授業に使った。1940（昭和15）年4月には実習工場、材料実験室、化学分析室、製図室などや実習設備が完備し、本格的な実学教育体制が整った。生徒のほとんどが愛知県出身者であり、生徒数は583名、教員37名になった（1941年11月現在）。

　一方、技術者養成所は、1939年秋頃から錦織清治大同製鋼研究部長（東北帝国大学助教授、後の大同工業大学学長、1903生－1969没）が1936（昭和11）年のドイツの特殊鋼事業視察から見劣る工業力は技術者の数と学識にあるとの考えで、大同製鋼から独立した特殊鋼研究所の創設を当初に強く提案していた。しかし、下出は、戦時体制下で人材育成を緊急とするとして高等工業学校レベルの技術者養成所の設置を妥協案とした[4]。この大同特殊鋼技術者養成所は、高度な特殊鋼の製造技術に関する高等教育を授け、学理および技術を体得させる目的で[6]1940年4月に創立した。設置場所は、大同工業学校の運動場（名古屋市南区道徳新町5丁目54番地、学校の南隣接地約3,900㎡）で、清水定吉（東北帝国大学理学部1914年卒業、同大学助手、東京工業大学助教授：在任期間1934－1940年3月）を所長に迎えて同年5月に開所

した。修業年限は2年間で、製鋼科、冶金加工科、冶金機械科の3科を設けた。教育科目は、数学、物理、化学の基礎科目、特殊鋼製造に関係する学術理論科目と実践工場実習、卒業研究を含む約5,200時間の授業で編成した。入所者の身分は、大同製鋼の職員として月俸給40円で、修了後は高等工業学校卒業者と同等待遇で採用の確約を行った。入所者は、愛知県知多郡の「鐡心寮」[7]に入寮して、自治組織運営で集団生活する全寮制であった。入所資格を旧制中学校卒業とし、全国から優秀な生徒を集め、注目された（入学数は1940年：志願者850名、採用34名、1941年：志願者265名、採用22名）。その後、1943（昭和18）年12月大同製鋼専門技術者養成所に改称し、名古屋市南区大同町（現：大同大学大同高等学校）に移転した。

　一方の技能者養成は、軍事に関係する重要産業22業種の工場事業主に対して1939（昭和14）年4月施行の工場事業場技能者養成令で義務化されていた。大同製鋼は、1933（昭和8）年4月から開始した徒弟制度を廃止し、1940年5月12日、大同製鋼技能者養成所を設立した。次いで同年6月大同製鋼青年学校（校長：葛谷謙一、技能者養成所と兼任、生年不明 – 1955没）を設立した。養成期間は技能者養成所と青年学校とを併せて3年間で、旧制小学校卒業の工具に教育を行った。青年学校では国語、社会、数学、物理、化学、英語、体育の普通科目と軍事教練を課し、技能者養成所では機械工学、電機工学、金属材料などの専門科目と、熱田、築地および星崎の各工場に配属して10種以上の専門職種に応じた実技訓練をした。会社は学費と給与を支給した。青年学校の生徒数は1,381名（1941年11現在）になっており、遠隔地の生徒はこの頃に買収した泉楽園（現：名古屋市南区泉楽通4丁目、1928年開業の遊園と温泉旅館との総合娯楽施設）内の青雲寮や鐡心寮から通学した。しかし、1945（昭和20）年5月17日午前2時～4時、アメリカ軍機100機来襲の名古屋南部大空襲による焼夷弾で道徳地区の教育施設や病院が全焼失した（資料3-2）。

Ⅲ　おわりに

　国は、1938（昭和13）年国家総動員法の発令で戦時体制化に入り、軍需産業においても会社経営、生産から人員の教育まで統制強化が始まった。大同製鋼の事業を統率する下出義雄社長は、軍需工場としての生産力拡大と相応した労働力の確保の必要性を予想し、それには中堅の技術者や技能者の養成が不可欠とした。名古屋南部の道徳地区に一大教育施設と従業員の福利厚生として病院施設の開設を判断し、

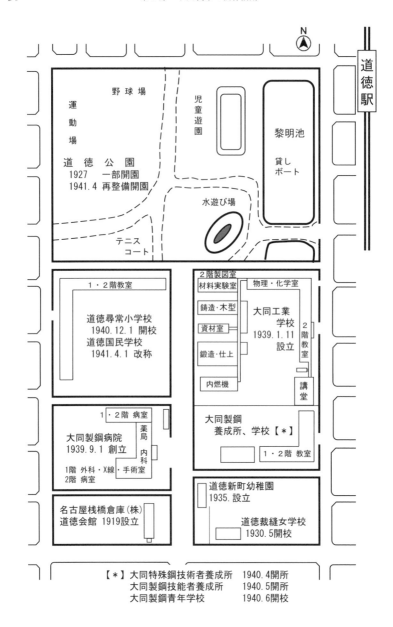

資料3-1　大同製鋼・道徳キャンパス復元図
(作図：青山正治)

第3章　大同製鋼の技術者養成　　　　　　　　　　　　35

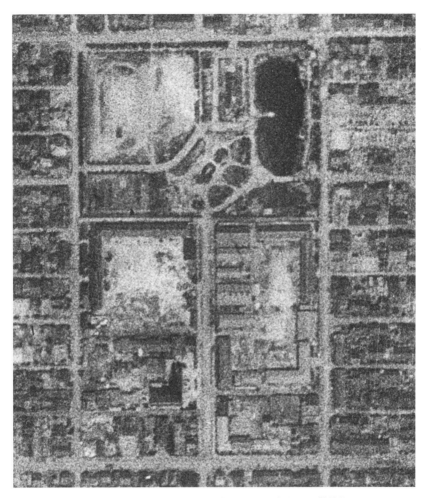

資料 3-2　都市計画により土地区画整理された名古屋・道徳新町地区
(米軍偵察機による空爆前の空撮写真、1945年4月7日撮影、所蔵：米国立公文書館)
道徳新町地区の区画整理事業は、名古屋桟橋倉庫株式会社によって道徳駅付近の第1期区画整理埋立工事完了後の1925年8月から宅地分譲を開始した。当初の公園規模は、約85,000㎡ (写真の中央区画) で、1927年に一部 (中央区画の上部、約33,000㎡) を開園した。残余の公園用地は、1939年から大同工業学校、大同特殊鋼技術者養成所、大同製鋼青年学校、大同製鋼病院および道徳尋常小学校などの建設地になった。
大同製鋼病院の設立目的は、軍需品生産量の増大と厳しい労働環境において工員の健康管理や傷病の予防、工場の作業環境におよぶ産業衛生医学の視点をもった病院が必要になるとして、下出義雄社長と川崎舎恒三常務取締役による構想で1939年9月開院した[8]。

画期的な職業教育を実施させたことで全国的に注目を集めた。

【注】

(1) 文部省実業学務局編『昭和17年4月現在　実業学校一覧』文部省実業学務局、1942年、13-39頁。

(2) 大同製鋼の学校、養成所、病院設置の着想に酷似している不二越工業学校は、不二越鋼材工業（株）（現：（株）不二越、富山県富山市石金）の技能工を養成する不二越青年訓練所（1934年開所、1936年不二越青年学校に名称変更）に始まる。1937年4月、井村荒喜社長が機械工業発展には専門技術者を補助する優秀な技術員の養成が必要として給費制と全寮制の不二越工科学校を開校した。1939年3月不二越から20万円の寄付で財団を設立し、不二越工業学校に改組する。1936年財団法人不二越研究所、1940年不二越病院、1942年不二越専門技術者養成所を開設する。井村の経歴は、1919年中越水電（株）支配人として入社、福澤桃介の大同電力の資本参加を契機に電気炉製鋼に興味を持ち、1925年（株）大同電気製鋼所顧問の本多光太郎博士指導で、工具鋼の金切鋸刃の材料研究と試作に着手する。1928年6月富山電力（株）との合併で常務取締役を辞任し、1928年12月不二越鋼材工業を創立して特殊鋼の製造を始める。

(3) 井塚政義（1904生-1999没）は、1928年3月京都帝国大学経済学部卒業、同年4月朝日新聞社京城支局の記者として入社、名古屋支社報道部次長を務め1939年6月退社する。1939年10月、下出義雄に請われて大同製鋼に入社して考査課長となり、新人教育の運用と養成所教授を兼任する。1964年大同工業大学教授。

(4) 大同工業教育財団の設立申請は、1938年7月に大同製鋼・教育顧問になった坂本暢（前名古屋市社会教育課長）が中心に進めた。井塚政義は、同年秋に下出義雄の要請により財団設立の趣意書と寄付行為条款を草稿した。また、錦織清治研究部長の要望で財団法人大同特殊鋼研究所の設立を企図したが、1940年10月の第38回定時株主総会の修正意見で「特殊鋼研究の寄付行為」に留まった。井塚は窮余の策として大同工業学校と特殊鋼研究の助成事業を包含し、1941年3月財団法人大同製鋼奨学研究財団に改称させた。大同学園40年史編集委員会編『大同学園四十年史』学校法人大同学園、1979年、33-34頁。

(5) 大同製鋼株式会社編『大同製鋼50年史』大同製鋼（株）、1967年、161-163頁。

(6) 大同製鋼株式会社編『大同特殊技術者養成所規則』大同製鋼（株）、発行年未詳、愛知東邦大学下出文庫所蔵整理番号82-79。

(7) 鐵心寮（現：出光興産（株）長浦寮、知多市長浦3丁目）は、1963年9月28日の火災で焼失するまで大同製鋼長浦寮（2階建て2棟、建物面積919㎡、1940年竣工）として使われた。この長浦地区は、愛知電気鉄道（株）が1930年9月長浦駅を開業し、傍系の長浦海園土地（株）が海浜別荘地として宅地分譲を行った。宅地開発前は、丘陵地の土砂を団平船で搬出し、名古屋桟橋倉庫の道徳地区の埋立てに使用したり、1935年頃には豊国セメント（株）名古屋工場（名古屋市南区大江町）のセメント原材料の一部とした。

(8) 宏潤会編『大同病院50年史』宏潤会、1989、35頁。

第 2 部

下出義雄の経済活動

第4章 『中央日本經濟大観』と下出義雄の一文

高木 傭太郎

I 『中央日本經濟大観』について

1940年（昭和15）4月に名古屋新聞社が発行した『中央日本經濟大観』という
B5版500ページの大型の本が下出文庫にある。

巻頭の「年刊『中央日本經濟大観』發行に際して」には、「劃期的な變貌過程に
ある中央日本の經濟事情をあらゆる角度から調査研究して、今日の姿を明らかにし
併せてその明日を窺ひ、もつて銃後産業の一大羅針盤たらしむべく、ここに第一輯
昭和十五年版を発行することになった」とある。1937年（昭和12）7月7日の盧溝
橋事件を契機に日中全面戦争となり、戦時体制に入った名古屋経済の動向を一望す
るのに大変貴重な本である。

凡例に「本書は本年刊の第一輯として、今後續刊される各輯の総括的な序篇たら
しむべく所期した」とあり、年鑑として企画された本であるが、下出文庫には続刊
本はない。名古屋新聞は1942年（昭和17）9月に新愛知新聞と合併しており、ま
た巻頭の後続の文章には「時局の制約はこの種の記述に幾多の困難を與へ」ともあ
り、次年度以降の版は発行されなかった可能性もある。今後の調査課題としたい。

この本で「中央日本」というのは、「凡例」に「本書の調査範圍は次の一府十三
縣」と記し「愛知縣、岐阜縣、三重縣、靜岡縣、長野縣、山梨縣、福井縣、石川
縣、富山縣、新潟縣、滋賀縣、京都府、奈良縣、和歌山縣」を列挙して本の見開き
のタイトルの下にはこの範囲の日本地図を載せている。当時の名古屋経済界が、こ
うした経済圏構想を持ち、戦時体制下での経済発展を企図していたことがわかる点
でも興味深い本である。

名古屋経済界は、以前から「中部の首都」として名古屋を位置づけ、その経済発
展策を様々に構想していたが、この段階で、「中央日本」としてより拡大した経済
圏構想を持った点が注目される。

この本はそうした意味で、当時の経済状況を知るだけでなく、戦時体制下での名古屋経済界の戦略を知る本でもある。

全体は「總論篇」「各論篇」「會社篇」からなり、「總論篇」では「專ら基礎的諸條件ならびに基本經濟事情の分析」を、「各論篇」では「經濟活動の各分野に亘る具體的記述」を、「會社篇」では「主要會社の工場の紹介」を載せている。

以下、この本の企図するところを理解するために、「總論篇」と「各論篇」の論文と執筆者を列記する。

（總論篇）
新東亞建設下の日本經濟
　戰時統制の發展とその革新的様相

名古屋商工會議所理事・經濟学博士　向井鹿松

中央日本の經濟的地位
　面積、自然地理および人口　　　　　　名古屋高等商業學校教授　淡川康一
資源
　地質、水質および水量　　　　　　　　　元第八高等學校教授　河村信一
　水力資源　　　　　　　東邦電力株式會社關西駐在常務取締役　市川春吉
　鑛山資源　　　　　　　　　　　　　　　元第八高等學校教授　河村信一
　林産資源　　　　　　　　　　　　岐阜高等農林學校教授　櫻井精兵
　水産資源　　　　　　　　　　　　　東京帝國大學助教授　大島泰雄
資本
　中央日本の國富および國民所得

彦根高等商業學校教授經濟學博士　岡崎文規

彦根高等商業學校教授　芳谷有道

労働
　中央日本の勞働需給　　　　　　　　　愛知縣職業課長　三澤房太郎
事業活動
　中央日本産業活動の現況　　　　　　名古屋高等商業學校教授　酒井正三郎
物価
　中央日本の物價および賃銀　　　　　　　愛知縣地方商工主事　小出保治
明日への展望

高度工業への躍進　　　　　　　　　　名古屋帝國大學總長・工學博士　澁澤元治
（各論篇）

中央日本經濟活動の實相

金属・機械工業

戰時體制下における中央日本重工業の展望　　　　陸軍主計中佐　生地竹之助

化學工業（以下各分野の工・鑛業の執筆者は新聞社編集者なので無署名）

農業

中央日本農業の統計的説明　　　　　　　岐阜高等農林學校教授　鈴木榮太郎

商業

商品集散の系統および配給機構　　　　　前名古屋市市場課長　金子有造

倉庫業（以下各分野の産業の執筆者は新聞社編集者なので無署名）

観光

中央日本の観光事業　　　　　　　　　名古屋高等商業學校教授　郡菊之助

中央日本と大陸の關聯

歴史的にみたる中央日本の優位性　　　　大同製鋼株式會社社長　下出義雄

（愛知懸）

大發展を豫想の名古屋と大陸關係　　　　名古屋商工會議所會頭　青木鎌太郎

大陸綿業との調整を如何にすべきか　名古屋綿糸布取引所理事長　三輪常次郎

（福井懸）

敦賀の相手は中鮮の元山だ　　　　　　　　　　　　敦賀市長　若林義孝

（石川懸）

北陸第一の良港七尾を活用せよ　　　　　　　　　　七尾市長　清水豊吉

北陸地方の經濟的な弱さを考えて　　　　石川懸經濟部長　鈴木直人

（富山懸）

名古屋との直通連絡急施を望む　　　　　伏木商工會書記長　矢木喜吉

對満貿易上の地位を過信するな　　　　満鮮貿易株式會社取締役　藤平長門

華々しい富山賣薬の大陸進出ぶり　　株式會社廣貫堂常務取締役　金尾義信

（新潟懸）

新潟港の現状とその将来に就て　　　　　新潟商工會議所會頭　白勢量作

（靜岡懸）

日支茶業の一元的統制緒につく　　　東亞製茶株式會社取締役支配人　清水俊二

総論編では、まず戦時統制経済の進展による経済の激変状況を叙述し、以下中央日本が地理的にも資源の上でも恵まれていることが明らかにされ、従来の軽工業中心の産業構造から「高度工業への躍進」が説かれている。

　各論は、産業の各分野の中央日本での現状分析であるが、その最後に「中央日本と大陸の関係」というテーマで、下出義雄の「歴史的にみたる中央日本の優位性」の論文と各県の経済人による意見が載せられている。

　この部分が、陸軍主計中佐、生地竹之助の「戦時體制下における中央日本重工業の展望」と並んで、この本の戦略構想を明確に語っている部分といえ、日中戦争下での大陸への「経済的進出」に関して、様々な未来戦略と提言が多様に語られている。その他の文章が、統計や調査事実に基づく客観的な体裁を装っているのに対して、直言的である点にも特徴がある。

　その巻頭論文ともいうべき下出義雄の文章は、この本の中でも経営者としても異例ともいうべき文章で、大半が歴史的叙述からなっている。

Ⅱ　下出義雄論文「歴史的にみたる中央日本の優位性」の紹介

　以下、下出義雄という経営者の一面を知る貴重な史料と思われるので、その全文を掲載する（掲載に当たっては、読みやすくするために旧漢字と旧仮名づかいを改めた）。

歴史的にみたる中央日本の優位性

大同製鋼株式会社社長　下出義雄

一、東北宣撫の前進基地となった東海地方

　中央日本と大陸との関係を経済的観点に重心をおいて論ずることは既に多くの人々によって、幾度か試みられたところである。勿論この論題は幾度繰返されても決してその煩わしさに困ることはないほど、我々中央日本人にとっては重大関心事である。

　しかし私は、ここではひとまず視覚を変えて、中央日本と大陸との歴史的関係に注目し、中央日本が上古においてわが大陸国策遂行の有力なる基地であったことを想い起して、今後に対処する参考資料にしたいと思う。

第一に注意すべきは中央日本の太平洋面即ち今の名古屋を中心とした濃尾勢地方が、建国後間もなく日本民族の東北地方宣撫同化工作という大事業にとって大切な前進基地であったことである。

当時既に東海地方の豊かな山の幸、海の幸は、多くの住民をこの地に安居楽業させていたため、軍旅の物資を賄う兵站として絶大な力を蔵していたことは容易に想像できるが、それに加えて、この地には日本民族の秀れたる特性の一つである「弓矢の道」をよくした剛健勇武の強士が多かったらしく、景行天皇が九州鎮撫の御軍を起させ給う際に「善射の士を美濃および尾張に募る」と記されている。さらに、天皇の皇子日本武尊御東征の砌にも、大和を発した皇軍は伊勢を経て尾張国に入り、尾張公稲種の家において、尊は諸将を集めて軍議を凝らし給い、部署を御治定遊ばされ、東海健児は尾張公に率いられて中仙道から関東に進発した事実も、この地方の実力を示すに足るものである。

こうした武勇な人的資源とそれを養うに足る豊富な物的資源とをもって、わが東海地方は、日本民族の東漸と皇威の東方拡大という建国当初の長期建設事業を完成する中心的原動力となったことを、二千年後の今日、特に強く回顧すべきではなかろうか。

二、上古大陸政策の策源地であった北陸地方

第二には中央日本の太平洋に面する地方が、かように日本民族の東北宣撫工作に対する重要基地であったと同時に、日本海に面する地方は、今日の敦賀を中心として対大陸政策の有力な策源地であり、また大陸文化の大きな取入口であったという、断じて見逃がすことのできない重大な事実である。

このことを肯づかせる史料を多少拾いあげるならば、既に朝鮮半島南部の強国新羅の建国の神話中に早くもその端緒を見出すことができる。

新羅の神話によれば、この国建業の一中心となった脱解王は倭国の東北一千里の地点にある多婆那国の王子が、宝と併せて船に乗せられて辰韓の地に漂着したものといわれている。倭国とは、諸史家の研究によって、今日の北九州にあった女王支配の部族の建てた小国であることに誤りなく、その東北一千里というのは大体現在の舞鶴、敦賀地方と推定するのが通説である。

一方建国早々の日本へも、新羅の王子天日矛が八つの宝を携えて、但馬国に土着、帰化し、但馬公の祖となったことが記載されている。この宝は玉津宝といわれ

ているが、結局当時既に支那本土と関係深かった朝鮮半島から、支那文化の所産を招来したものとみるべきであろうから、所謂大陸文化の輸入の先駆と考えて差支えないと思う。これが但馬地方にまず齎らされたのであるが、地理的にも文化的にも、当時の但馬を現在の但馬国だけと狭くみてはならないことは国史を多少とも解するものにとっては常識的事実であり、当然今の敦賀を中心とした中央日本の土地を包含しているわけである。

　かように、大陸の尖端地帯としての朝鮮と中央日本の日本海岸地方との接触、交渉は、我肇国当初時代において、既に彼我の文献に現われているが、つづいて、天日矛の子孫多遅摩毛利は垂仁天皇の御宇に勅を奉じ、日本を発し常世国に赴いて、非時の香菓を求めるため険を冒して長途の航海についたことが記されている。

　畏くも万乗の君が、当然予期せられる危険をも顧み給わず廷臣を差遣遊ばさるるのは、単に一個の香菓のためのみでなかったとは何人にも考えられる。これは「広く知識を世界に求め」ようとする、日本民族の根本的進取性から発願された大事業であったに相違ないが、この大事業遂行の責任者として多遅摩毛利が選ばれたことは、彼が天日矛の後裔で、外来の大陸文化に深い因縁と理解をもっている点によるものであろう。我々はこれによって、当時の中央日本の日本海方面の文化が如何に進歩的であり、大陸的であったかを、誇らしやかに肯定することができる。

　下って、崇神天皇の六十五年、意富加羅国の王子、都怒我阿羅斯等が東方に聖主ありと聞いて、一族とともに出雲を経由して筍飯浦に着船した。その後、都怒我阿羅斯等の名に因んで、筍飯浦を「敦賀」と改めたのである。彼は天皇に拝謁して半島の情勢を詳細奏上し、新羅の来攻に備えるため日本の援軍を求めたので、垂仁天皇の二年、鹽乗津彦の率いる皇軍は彼とともに半島に上陸し、新羅を討って、ここに我国大陸経営の尊き最初の礎石たる日本府が、初めて朝鮮半島の地に打建てられたのである。

　当時この大業ができたのも、その背後において東海を基地とする東北の宣撫が十分で、後顧の憂いがなかったことを忘れてはならないと思う。と同時に、当時の模様は、国史上から湮滅して詳細を知る由もないが、前後の事情から推して、北陸の地がこの大陸経略の策源地となったことは疑いないところであろう。

三、新時代の大陸政策上にもつ中央日本の重要性

　以上のようにして、上古における中央日本の土地と人と物とは、それぞれ方面を

異にして、いわば両正面的に、日本民族発展のために国策遂行の第一線基地としての役割を完全に果してきたのである。しかるに大化の革新以後、日本が大陸政策を一旦変更して、伸びんがために一時屈したのが、京都における貴族の退嬰と無気力に禍されて永く島国化して以後の中央日本は、戦国時代に入り、天下布武のヒンターランドとして活用されただけで、大陸政策の舞台からは遥かに遠退いてしまった観があった。

　だが、時代はめぐり、二千年目に歴史は繰返してきた。われわれは祖国日本が新しい大陸政策の樹立とその達成に乗り出して来た時、中央日本の大陸政策上にもつ重要性を再発見すべき必要に当面せざるを得ない。すくなくとも、二千年乃至一千数百年前に日本民族発展の有力な策源地として役立ったこの地方が、今日その使用価値が激減し消滅してしまったとは考えられないではないか？

　私は余りに上古を語り過ぎたかもしれない。が、決してこれは無用の冗舌だとは考えていない。

　今日の中央日本はある意味では全日本の縮図であろう。豊かな食糧と性能の高度な労働力を擁し、軽工業から重工業への転換期にあるが原料は大部分他に依存しなければならぬ。原料の獲得が最初であり最大であるのだ。

　このことは、名古屋、敦賀両端を結ぶ中央日本ルートが中央日本の太平洋方面にある重工業の生産する資材を、万一の場合直接北満戦場の兵站基地に供給する最短距離をつくるという点からも特に強調されてよいことだろう。

　かくて国防的考慮と中央日本産業自体の要求とから、名敦＝大陸ルートが、一方には原料獲得のイン・コースとして、他方にはこの地方に既に発達している雑貨工業、繊維工業製品を大陸に送り出すアウトコースとして、十分にその機能を発揮できるよう構成されねばならない。即ち中央日本は太平洋、日本海両正面において大陸と最も緊密に結びついてこそ、今後の存立と発展を予約できるのである。今後中央日本の経済地理はこのルートを枢軸としその活用に依存するほかないだろう。それは千数百年前に既に示された地理的な、また歴史的な必然的事実だと私は思う。

第5章　下出文庫資料に見る電力会社の概要
寺沢 安正

　『東邦学園下出文庫目録（以下、下出文庫）』には下出義雄氏寄贈資料1万6,037点が収録されている。この中に下出義雄が関わった木曽川電力（株）、矢作水力（株）、信州電気（株）、揖斐川電気工業（株）など電力会社の営業報告書、増資目論見書などの企業報告書、さらに国内電気事業の内容に関する書籍、小冊子、雑誌など59点がある。

　下出義雄は1922（大正11）年から1942（昭和17）年まで20年間、木曽川電力、1931（昭和6）年から1946（昭和21）まで15年間、（株）大同電気製鋼所（1938（昭和13）年に大同製鋼に改称）、の取締役社長を勤めた。ここでは下出文庫の資料を参考に下出義雄が経営者として活動した時代背景と電力会社の概要を紹介する。

I　五大電力時代から電力統制時代

　文明開化を象徴した電気の利用は全国にひろがり、多くの電灯・電力会社が設立された。電気は家庭用の照明として、また産業用の動力として利用され、第一次世界大戦中（1914-1918）の好景気などにより電力需要が増大した。その結果、1927（昭和2）年の電気事業者は、全国で761社に急増した。

　当時の電気事業は、①大規模水力発電所の開発、②高圧長距離送電線の技術開発、③世界的な金融恐慌、などの影響を受け、企業の存亡をかけた吸収合併を繰り返した。また、激烈な顧客獲得競争が続き、二重投資、採算無視の料金設定などで各社の経営基盤が弱体化し、東京、大阪、名古屋など大都市圏の電灯電力供給は、いわゆる五大電力（東京電灯、東邦電力、宇治川電気、大同電力、日本電力）に収斂され、1932（昭和7）年に電力連盟を結成した。この目的は電気事業が公益事業であり、産業、文化の基礎を築き、競争による二重投資を避け、原価を低下し、消費者の便宜を図るための自主統制によるカルテルであった。

　その後、戦時体制が強化される中で、1938（昭和13）年に電力国家管理法が公布

表5-1 五大電力の資本金と営業区域

会社名	資本金（円）	営　業　区　域
東京電灯	4億2,656万2,000	東京府、神奈川、埼玉、群馬、栃木、茨城、千葉、静岡、山梨の9県、新潟、福島県の各一部、（1府、16市、1509町村）
東邦電力	1億3,000万	愛知、岐阜、福岡、長崎、佐賀の5県、熊本、山口、三重県の各一部、熊本、山口、三重県の各一部、（12市、518町村）
宇治川電気	9,250万	滋賀、奈良、和歌山の3県、兵庫、三重、岐阜3県の各一部（1市、225町村） 電力の区域：大阪府は無制限、京都府、兵庫県は50馬力以上に制限
大同電力	1億7,600万	電力卸売り専門会社
日本電力	1億2,095万5,000	電力卸売り専門会社
合計	9億4,601万7,000	

注：大阪府は大阪電灯、京都府は京都電灯、兵庫県は神戸電灯が電灯供給した。
出所：阿部竜太『五大電力の優劣』ダイヤモンド社、1931年を参考に作成

され、翌年、日本発送電（株）が設立された。そして 1942（昭和 17）年、発送・配電を分け、全国を 9 配電会社に統合された。

Ⅱ　経営者として活躍した電力会社の概要

1　木曽川電力の取締役社長に就任

　木曽川電力は 1916 年（大正 5）に創立された（株）電気製鋼所が、1907（明治 40）年に設立された福島電気（株）を吸収合併し、1922（大正 11）年に分離独立し、下出義雄が取締役社長に就任した。

　同社は、長野県木曽地方の一般電灯電力の供給と大同電気製鋼所福島工場に電力を供給した。詳細については『地域創造研究叢書 No.28』第 7 章「木曽川電力と大同電気製鋼所福島工場の変遷」を参照されたい。

2　矢作水力の取締役に就任

　矢作水力は 1919（大正 8）年、矢作川水系の開発を目的に福澤桃介が創立し、井上角五郎が初代社長、1928（昭和 3）年に福澤桃介の長男・駒吉が 2 代目社長になり、下出義雄は取締役に就任した。

　矢作水力は天竜川水系の水力発電所の建設にも取り組み、1927（昭和 2）年に南

信電力（株）、1931（昭和6）年に天竜川電力（株）、さらに1933（昭和8）年に九頭竜川水系の白山電力（株）を合併し、電源開発を進めたが、電力国家管理統制の進展により1942（昭和17）年に解散した。

同社は、大同電力、東邦電力、京都電灯（株）など電気事業者への電力卸売り会社としての性格が強く、一般供給では、余剰電力活用を目的に設立された矢作製鉄（株）、矢作工業（株）、東亜合成（株）などで、このうち化学工業部門の東亜合成が同社の解散に合わせて分離した後、現在も操業を続けている。

3　信州電気の取締役に就任

信州電気は1897（明治30）年に設立の諏訪電気（株）（本社所在地：長野県下諏訪町）が1902（明治35）年に設立の安曇電気（株）（本社所在地：長野県大町市）を合併した。

合併後の資本金は1,721万円、本社を東京都京橋区に移した。また、取締役社長に片倉兼太郎、取締役に下出義雄が就任した。当時の片倉兼太郎は1934（昭和9）年に3代目を襲名し片倉製糸紡績（株）の社長を兼務した。

営業区域は諏訪電気の岡谷市、諏訪郡一円、安曇電気の大町市、北安曇郡、南安曇郡など75市町村に、大口需要家としてアルミニウムを生産する昭和電工（株）などに供給した。同社は1942（昭和17）年に中部配電に統合された。

4　揖斐川電気工業の監査役に就任

揖斐川電気工業の始まりは、1912（大正元）年に揖斐川電力（株）が設立され、大垣市周辺の化学工業会社4社を吸収合併し1921（大正10）年に東邦電力系傘下企業の揖斐川電気（株）となった。1940（昭和15）年に社名を揖斐川電気工業と改称し、下出義雄は監査役に就任した。

同社は岐阜県大垣市をはじめ2市6郡に電灯電力を供給するとともに、兼営工業部門として余剰電力をカーバイド、カーボンなどの化学工業の生産に充てた。また、子会社の特殊軽合金（株）は超ジュラルミンを製造した。また、東邦電力、宇治川電気などに売電した。

1942（昭和17）年に電力国家管理政策により電気供給事業から撤退、以後電気化学工業を主体に事業が続けられ、現在、イビデン（株）として電子関連事業、セラミック事業を行っている。

第6章　東條英機の大同製鋼視察とその時代

木村 直樹

I　一枚の東條視察写真

　数年前のある日、榊直樹東邦学園理事長の「東邦学園初代理事長・下出義雄の歩んだ道——下出文庫の目録作りを機に」（「東邦学誌」36-2、2007 年 12 月）に付けられた東條英機と下出義雄が並ぶ一枚の記念写真に見入った。

　日時、場所を榊さんに尋ねると、母親（榊文子元東邦学園短期大学学長）の遺品だが不明。写真台紙には「三國庄次郎撮影場」と注記されるが、写真館も戦災に遭っていた。

　筆者はなんとか調べてみたいと述べたものの、きっかけが見つからずに数年経った。その間に、あれこれ当たるも分からず、写真のみ眺めることを続けているうちに、軍装や手袋などで季節は冬、建物に映る日陰の具合から日射角度を測り、緯度経度を基に 2 月頃と推定した。

　次に、赤松貞雄『東條秘書官機密日誌』（文藝春秋、1985 年）を読むと、陸軍省次官から航空総監へ異動した頃と狭まってきた。また写真の中で東條の真後ろに立つ人物が、『東條秘書官機密日誌』の表紙写真で伊勢神宮を参拝する東條首相の後ろを歩く人物と同じではないか。秘書官の不即不離の位置関係から、東條の最も信頼厚い秘書官赤松貞雄であると推定した。赤松は昭和 14 （1939）年 3 月にはスイス駐在武官に転出することになっていたので、同年の 2 月までとした。また下出義雄社長と並ぶ川崎舎恒三常務だけは確認できた。

　並行して、『戦時下の中部産業と東邦商業学校——下出義雄の役割』（地域創造研究叢書 No.13）の中の「軍需拡大期の大同特殊鋼」（第 3 章）には、昭和 14 年の来訪者として東條英機陸軍中将は記されてあるが、何月何日まではなく、出典元の『大同製鋼 50 年史』にも見当たらないので、共同執筆者である横井信司さん（大同製鋼出身）に、工場来訪者リストについて尋ねると、なんとそのリストは下出文庫の

第 6 章　東條英機の大同製鋼視察とその時代

資料 6-1　東條英機大同電気製鋼視察記念写真（星崎工場）
前列中央：東條英機、左から 3 人目：下出義雄
（榊直樹氏所蔵）

ものと知らされた。

　灯台下暗し。それではということで、下出文庫の資料を『東邦学園下出文庫目録』で見当をつけて、何点か調べてみて、ようやく「第三十五回事業報告書（昭和十四年上半期）」にリストを見つけることができた。昭和 14 年 2 月 23 日の箇所に確かに「航空総監兼航空本部長陸軍中将東條英機閣下」とあった。

　この年の 1 月 14 日には「海軍航空本部長海軍中将豊田貞次郎閣下」が訪れていた。のち豊田は日本製鉄社長、鉄鋼統制会会長になる。

　昭和 13 年 10 月 22 日には下出義雄の父民義（初代大同電気製鋼所社長）も「貴族院議員下出民義殿」として記録され、4 年前の昭和 9 年 11 月には海軍航空本部長山本五十六中将の視察があった。それは下出の社長就任の昭和 6 年、安保海軍大臣、昭和 7 年、賀陽宮恒憲王、東久邇宮稔彦王に次いだ時期であった。

　下出にとって山本五十六は格別な存在だった。のちに昭和 18 年 5 月 21 日の山本戦死にさいして、「思い出せば、今より既に十二、三年前のこと、元帥が未だ少

将として海軍航空本部の技術部長の職に在任されし頃より今日に到るまで、多年知遇を辱ふし、一方ならぬ御指導を賜り、わが社の生産力拡充に関しては元帥はつねに陰に日向に終始渝らず激励せられ、鼓舞せられ」（「産業之日本」昭和18年7月15日号）と追悼した。

Ⅱ　東條の視察目的

　東條の視察は昭和14年2月23日と分かったが、目的は航空本部長を兼任する初代航空総監として陸軍の航空戦力を高めるための航空機増産への協力要請と考えられる。

　保阪正康氏は『東條英機と天皇の時代』（文春文庫、1988年）で「航空総監に就任してから半年後、東條は陸軍省、参謀本部との打ち合わせで、自らに課す目的をつくった。ヨーロッパでの戦争をみると、航空機生産がドイツの勝利に貢献していることが判ったので、日本の航空機生産を飛躍的に増大させなければならぬという目的だった。国家総動員法の発動で産業再編を行なっているが、それはまだ時間を要すると判断すると、東條は満州国で日本の航空機生産を満たそうと考え、新京に飛び、関東軍参謀副長遠藤三郎にこの計画をもちかけた。……この申し出は、遠藤や参謀長の飯村穣を驚かせた。満州国を植民地のように考えている東條の本音が、はからずもあらわれたと受けとったのである」と説明する。さらに保阪氏によると国家総動員体制は東條の尊敬する永田鉄山が敷いた陸軍省整備局と内閣資源局の連携上に計画されて、東條は昭和3年3月、陸軍省整備局動員課長に就任して、若手将校の集まる双葉会の会合で「国軍の戦争準備は対露戦争を主体として、第一期目標を満蒙に完全なる政治的勢力を確立する主旨のもとに行なうを要する」と語ったという。これが双葉会のメンバー河本大佐（関東軍参謀）が首謀し同年6月4日、蒋介石の北伐と反日運動阻止と居留民保護のために山東出兵をして、張作霖爆殺事件を引き起こした。統帥権を干犯した河本は辞職したが、それに東條は気持ちを寄せた。河本の後任には板垣征四郎大佐、一足前に石原莞爾中佐も関東軍参謀として移ってきていた。石原は「関東軍満蒙領有計画」を持っていた。それによって満州の事態は推移し、昭和6年9月18日の満州事変、昭和7年3月1日の満州国建国に至った。

　岸は昭和11年10月に、板垣征四郎関東軍参謀長からの引きがあって、商工省

第 6 章　東條英機の大同製鋼視察とその時代　　　51

工務局長から満州国実業部総務司長へ転出、7 月、産業部次長と総務庁次長になる。前者は現地中国人大臣の次席、後者は総務長官星野直樹の補佐役であった。関東軍司令官は関東庁長官と駐満全権大使を兼任した。昭和 11 年 6 月、満州事変の企画者石原莞爾は参謀本部戦争指導課長になっていて、「戦争準備ノ為帝国飛行機及兵器工業ヲ速ニ満州へ推進セシムル為ノ要望」（昭和 12 年 1 月 12 日、参謀本部）とする文書を作成した。

　昭和 13 年 5 月、東條は板垣征四郎陸軍大臣を補佐するために、関東軍参謀長から次官に就任し、航空本部長を兼任した。赤松貞雄は陸相秘書官として次官付であった。東條はそれまで赤松に目を掛けてきて、また関係がめぐって来た。東條は板垣のみならず多田参謀本部次長とも北支への戦線拡大をめぐって対立した。すでに昭和 12 年 7 月 7 日に発生した盧溝橋事件に際して、不拡大方針を臨時閣議で決めた政府とともに多田と石原莞爾参謀本部第一部長の「一兵も出さない」派に対して、武藤章陸軍省軍務局長の「この際シナを叩け」派に東條は同調していた。その結果、次官を辞任、多田も第三軍司令官に転出した。昭和 13 年 12 月 10 日のことである。東條は初代の航空総監に就任した。

　この航空総監は次官辞任と同日の 12 月 10 日、陸軍航空総監部令（軍令第 21 号）が施行されてのことだった。これは陸軍軍務局田中新一軍事課長と東條次官自身の合作で、陸軍教育総監部からの反対を押し切った。軍人教育で重なり、陸軍中央三官衙制を崩すこと、つまり天皇に直隷する機関増設が特に問題となった。

　東條は次官辞任以降も、専属の林副官がいるのに、赤松を呼び出して、次官の山脇中将との「二人の副官のような行動を執ることを余儀なくさせられたものである」（赤松貞雄『東條秘書官機密日誌』）という。昭和 14 年 2 月 23 日の際も例外の同行だった。昭和 15 年 11 月 15 日、陸軍大臣秘書官兼陸軍省副官、昭和 16 年 10 月 18 日首相就任以降も秘書官となった。

　東條の大同製鋼視察は、松岡洋右、星野直樹、岸信介、鮎川義介と協力して、航空機増産を進めるという構想の下に、航空機材料、特殊鋼生産での協力要請をすることにあり、次に触れる大同製鋼幹部による満州での交渉経過を知る機会となったと推定する。

Ⅲ　下出の構想

『大同製鋼50年史』に「満州特殊鋼（株）は、満州鉱機（株）と時を同じくして設立企画が生まれたものである。昭和13年9月、満州に東辺道開発（株）が誕生した。当社は同社が採掘する鉄鉱石を購入し、浅野セメント（株）の協力を求め、その設備を利用して海綿鉄を製造する計画をたて、翌14年2月には、川崎舎常務、林達夫、錦織清治、小出健造の4名が東辺道視察のため満州へ飛び、東辺道開発との提携を成立させ、この企画はまもなく実行に移された。またこれと並行して東辺道開発では、当社の技術協力を得て、自社で二道江に工場を建設して、海綿鉄から特殊鋼を製造する企てをたて、この工場建設に当社の林達夫技師が協力することとなった。そして、この二道江における東辺道特殊鋼製造計画からやがて満州特殊鋼（株）設立案に発展した。林技師は、満州国の岸信介総務長官に会社設立案を開陳して、その了解をとりつける一方、事業は満州重工業（株）との提携をもくろんで鮎川義介の出馬を説き、同氏が当社星崎工場を視察するという一幕もあった。新会社の工場は、当時航空機、自動車、アルミニウム工業などが盛んな大東港を適地と定めて、技術は当社が提供することとして、あとは鮎川説得のみにかけられた。ところがその後、鮎川の満州での勢力が弱まるという事情もあって、この満州特殊鋼設立の大構想はついに日の目を見ることなく、朝鮮製鉄（株）の設立にすりかえられていった」という記述があるので、川崎舎はじめ4名が東條視察の時期、昭和14年2月に満州に飛んでいる事実だけで下出の構想と推定する根拠にした。

Ⅳ　鮎川の構想

鮎川はこの昭和14年に対外的にどんな行動に出たのだろうか。井口治夫氏の『鮎川義介と経済的国際主義』（名古屋大学出版会、2012年）によると、昭和14年3月に日本経済連盟会が招聘したジャーナリスト、イングリスとの会見、駐日大使などとの会見やヒットラーとの会見などがあった。井口氏によると「鮎川が、満州産の大豆とドイツ製の機械類などの物資のバーター協定を四〇分間の会談中に持ち出すと、ヒットラーは「その必要はない。むしろ、私の話を聞きなさい。まず、政治と経済の関係であるが、一般的には経済が政治を引っ張っていると思われているが、政治が経済を引っ張っている。政治により大豆や植物油の問題が解決される。ドイ

ツが現在取り組んでいる最優先課題は、軍事用物資の増産であり、我々は大豆と
バーターするような余剰機械類を持っていない。それから余も貴方も知っているよ
うに、ドイツのあらゆることが日本より進んでいる。しかし、ドイツが持っていな
くて日本が持っているものがある。国体、すなわち皇統である」……」という見解
を鮎川に浴びせた。7月にはアメリカは日米通商条約の破棄を通告してきた。オー
ストリアのレルポ社から特殊鋼の調達、スウェーデンSKF社とは高級ボールベア
リング製造の提携、ドイツ航空省と交渉して満州航空機のため、ハインケル社から
は機体、BMWとは発動機の技術提携などを探った。アメリカによる満州国承認を
進めるためのアメリカ資本導入が、アメリカ艦船への攻撃などの悪材料が重なって
遠のいた。植民地主義でも、帝国主義でもない自由主義経済の可能性は排除され
た。鮎川は満州での挫折後、退職金で財団法人義済会を設立して、大原社会問題研
究所に資金援助した。

V　東條の構想

　そもそも満州での航空機生産は関東軍参謀長の東條が三菱で進んでいた計画を変
更したことに絡んでいた。「三菱のやうな財閥によって大きな工場を建てるなどは
よろしくない。満州国のことは満州国にまかせれば良いと盛んに財閥排撃論を主張
して、遂に三菱が三年の心血をそそいだ設計は一片の反古とされてしまった。後に
これは鮎川義介氏の満州重工業に任せられたのである。三菱の岩崎氏もこの仕末には
非常に憤慨して、今後関東軍のためには一切協力しないと云って、断然満州の事
業からは手をひいてしまったのである」(藤原銀次郎述、下田将美著『藤原銀次郎回顧
八十年』講談社、1950年)という。

　昭和12年3月、東條は関東軍参謀長に任命され、植田謙吉司令官の補佐役にも
かかわらず、権限の一切を握り、関東軍の立てた「満州産業開発五ヵ年計画要綱」
(昭和12年1月)の実施のために官僚型軍人として動いた。

　保阪氏は「東條に課せられた職務のひとつに、重工業化促進のため、本土資本の
導入があった。折りから鮎川義介の日産資本導入をめぐって論議がつづいて、関東
軍参謀は日産資本を導入し一気に後方基地化しようとしていた。東條は、この導入
により満鉄資本が先細り、満州経済が混乱するのを恐れた。そこで、松岡洋右満鉄
総裁や満鉄社員の抵抗やサボタージュを防ぐために、満州国総務長官星野直樹と産

業部次長岸信介を呼び、松岡を説得するよう頼んだ。その結果、満鉄は日産資本導入を認めた。これにより、五か年計画が軌道にのった」（『東條英機と天皇の時代』）と考える。

VI 「ニキ三スケ」

満州の「ニキ三スケ」（東條英機、星野直樹と松岡洋右、岸信介、鮎川義介）という人間関係は複雑に推移して、「昭和11年のはじめごろから、横浜の日産自動車に関東軍の若い参謀たちの出入りが頻繁になってきた。そのうち旧知の浅原健三君が、参謀本部の石原莞爾さんから頼まれたと言って、二冊の部厚い極秘の論文を持参した。それは満鉄調査部の宮崎正義君が編纂したもので、浅原君は、「私のほかに三井成彬さんにも届けたが、ぜひ閲読して講評を乞いたい」と言う。それは満州における全面的な計画経済の組み立てを述べたもので、内容はソ連のゴスプラン五ヵ年計画を彷彿させるものがあった」（鮎川義介『私の履歴書』日本経済新聞社、1980年）という。満州での自動車生産提案は鮎川の遠縁にもあたる社会運動家浅原健三を経て、鮎川に届けられ、そのあと石原が「満州に自動車工業を急速に起こしたいが……」（同書）と提案し、昭和11年9月、鮎川に板垣征四郎関東軍参謀長から渡満要請があった。自動車製造事業法が施行されて2か月経過していた。そのころ岸も満州国政府実業部総務司長として10月に赴任していた。革新官僚であった岸からも「満州の経済を本格的にやるには、軍人や役人ではだめだ、どうしても日本の一流財界人が来てくれなければいかん」（『岸信介の回想』文藝春秋、1981年）と鮎川出現が期待されていた。

「星野氏と岸氏とは満州時代から一緒で、岸氏は星野氏に対して常に目の上の瘤と思っていたようである。東條内閣の末期、内々星野氏を斥けて岸氏自身が星野氏のポストにつけるよう各方面に工作していたことは事実であった。その星野氏から逆に、やめろと頭からいい渡された岸氏の心境、必ずしも平らかではなかったのではあるまいか」（『東條秘書官機密日記』）という。東條内閣組閣時点で、書記官長に岸を推す武藤章軍務局長案を斥けて星野直樹が書記官長に、岸が商工大臣に就いた。

東辺道開発株式会社と満州航空機製造株式会社は昭和12年12月27日に設立された満州重工業開発株式会社（持ち株会社日本産業の満州国移籍後の特殊法人）の関

第6章　東條英機の大同製鋼視察とその時代　　　55

連会社（1938年設立）である。ただし、満鉄企業群の支配も関東軍の「内面指導」
体制も鮎川は打ち破れなかった。鮎川の構想には関東軍が嫌うアメリカ資本との提
携が入っていた。

　鮎川にはアメリカ資本を導入して、満州国を承認させる構想があった。三井、三
菱、住友、安田など旧財閥ではなく、新興財閥の日産に期待はかかったが、満州国
を承認していたソ連の計画統制経済をモデルにした関東軍と満鉄や政府の革新官僚
との闘いにもなった。

　下出の大同製鋼も自由主義経済から「日中戦争勃発以降、本格的な統制経済が始
まり、戦時経済の体系が整えられていく中で、軍需に依存することは、販売、原料
供給、資金調達で国家から種々の保障を受けることを意味し、これを有効に利用す
ることによって、急速な生産拡大と資本蓄積が可能となったのである」（長島修「戦
時下の特殊鋼企業の展開——大同製鋼を中心に」『戦時経済と日本企業』昭和堂、1990年）
という経過を辿っていった。

　ちなみに下出と松岡の接触場面はいまのところ確認できない。

Ⅶ　昭和14年という画期

　この昭和14年年頭、下出は「証券報国の覚悟」と題した挨拶文を次のように記
した。

　　「長期建設第一の昭和十四年の新春を迎ふるにあたり、陛下の聖壽萬歳を壽
　ぎ奉り、竹の園生の彌栄を御祈り申上ぐると共に、萬里異境の征途にある皇軍将
　士に対して、満腔の感謝を表するものであります。事変の徹底的解決への途上に
　於て、昨年は抗日思想の温源地広東、軍財政の中枢武漢三鎮の攻略に因って未曾
　有の戦果を収めたのであります。……斯る情勢にあるとき、東亜永遠の平和を標
　榜して、長期大陸経営、東亜新体制の確立こそは、帝国に課せられた正に世紀の
　使命でありまして、此光栄ある使命達成の為には、我々日本人たるもの如何なる
　前途の困難も克服せずんば已まずの気魄を一層切実に保持せねばならぬのであり
　ます。本年度に於ける株式界は依然銃後の生産力拡充によって生じ来る株式消化
　の問題を意識し株価の構成、株式の円滑なる移動、株式市場を通じての国家の事
　業統制に対してよりよき協力の実を挙げ、真に証券報国の覚悟を以って進まなけ

ればならぬのであります。以上を以て新春の挨拶と致します。」(「産業之日本」1
月1日号)

1月4日には近衛内閣が総辞職したが、下出にとっては、1月11日に大同工業
教育財団が設立され、続いて4月1日大同工業学校が開校した記念すべき年であっ
た。4月10日、大同製鋼機関誌「時計台」創刊、6月、川崎工場操業開始、7月、
工場事業場管理令で熱田工場が軍管理となり、8月、宮古工場が操業開始した。9
月6日には大同病院が開院して、着々と構想が固まっていく過程にあった。9月10
日、下出民義が貴族院議員に3選された。10月12日には朝香宮鳩彦王が築地、熱
田、星崎工場を見学。この年の12月6日には満州鉱機株式会社が満州採金と提携
して新会社を設立、砂金を採集する船の開発なども推し進めた。相談役に下出、取
締役に林、監査役に川崎舎が入った。

コンツェルン構想として鮎川の日産コンツェルンなどを先行例に、出口一雄(中
央公論社)は『大同コンツェルン論』を提案した。この前年の昭和13年1月17日
に軍需工業動員法が発動され、4月12日には星崎、築地両工場が陸海軍共同管理
となった。4月1日国家総動員法公布、4月6日電力国家管理法公布を経ていた。
11月15日には大同製鋼産業報国会が立ち上がっていた。昭和14年3月25日には
軍用資源秘密保護法が公布され、7月8日には国民徴用令が出た。

続く昭和15年7月1日号の「産業之日本」は「名古屋資本閥の事業と投資内容
の展望」と題して、下出義雄と後藤幸三を取り上げ、「下出氏の現在最も力を集中
してゐるのは大同製鋼(資本金五千二百萬圓)である。この会社は満州事変までは
業績不振に悩んだのであるが、同事変以来殊に今次日支事変以来の生産力拡充の波
に乗り、時局の花形会社として躍進を続けてゐる」と書いた。昭和15年10月下
旬には下出は大政翼賛会中央協力委員、東條は11月15日には陸相に、翌16年10
月18日、首相に就任する直前の10月12日にはアメリカの対日要求「中国及び仏
印よりの日本軍の全面的撤兵」に対して、「日華事変において日本がこれほどの犠
牲を払っている以上、撤兵ということは断じてできない」と、9月6日に御前会議
で極秘決定された「帝国国策遂行要領」の方針のままに対米英戦争の方向に動いて
いた。一方近衛は戦争完遂の自信なしとする海軍と強硬に戦争遂行を主張する陸軍
との板挟みに追い込まれ、東條罷免もできず、総辞職した。そこへ、東條に組閣の
勅命が下ったのである。かつて昭和12年6月19日、カンチャーズ島沖でソ連軍

と満州国軍との間で軍事衝突があったとき、東條は参謀本部の意向を無視して、関東軍一個師団を送り、ソ連軍の砲艦を沈めたなど満州で秘密裏に軍を動かして統帥権を干犯したが、日中戦争の勃発でうやむやになっていた経緯があった。

Ⅷ　岸と藤原の大同製鋼視察

　昭和18年には伏見宮博恭王、賀陽宮恒憲王（二度目）、7月6日、商工大臣の岸が大同製鋼を視察した（岸は昭和14年10月、満州から日本へ戻り、阿部内閣の伍堂商工大臣の次官に、国家総動員法の下で戦時統制経済と取り組み、昭和15年1月、米内内閣の藤原商工大臣の次官になっていた）。

　9月22日からは藤原銀次郎行政査察使が三菱重工名古屋航空機製作所を皮切りに、岡本工業、住友金属などとともに、大同製鋼の査察にやってきた。

　藤原は王子製紙を30年にわたって経営し、ストライキ対応ふくめその手腕は高く評価された経済人であったが、昭和14年には藤原工業大学を設立し、商工大臣に就任した。のち軍需大臣になるが軍事秘密の壁に突き当たり、計画を立てることが困難となり辞任した。「戦争遂行の方針はすべて宮中の連絡会議で決定された。しかし戦争の遂行に最も密接な関係にある軍需大臣の藤原氏は決してその会議に出席することは許されなかった」（『藤原銀次郎回顧八十年』）のは統帥権と秘密法の自縄自縛ゆえであった。

　軍需省は昭和18年11月11日に発足し、初代軍需相は東條首相が陸相を兼任して就いた。岸は商工大臣から国務大臣兼任の次官になった。ところが、「東條さんは軍需大臣だけれども、軍需省にはほとんど来ずに、私にまかせてやっておったわけです。ところがね、いろんなところで、なかなか計画どおりの生産ができない。……それに対して一番やかましい議論になったのは、軍需省内において鉄だけについて、次官のほかに鉄管理の大臣をつくるといって、藤原銀次郎さんをそれに当てたんです。私はそのとき辞意を表した。というのは一つの役所に大臣の資格をもった者が二人も三人もいるということでは、とてもやって行けない。藤原という人が適任とお考えなら、藤原さんを軍需次官兼国務大臣になさい。私は辞めさせていただきますという申し出をしたのが、そもそも東條さんと意見が衝突する初めの段階ですよ」（『岸信介の回想』）というような問題が発生した。藤原は東條内閣では行政査察使として相当な成果を上げ、ジュラルミン屑の問題など指摘して航空機増産の

可能性を引き出して東條を喜ばせた。航空機の秘密は陸軍と海軍のなわばり競争も加わり、東條が総理大臣であっても陸相を兼ねていたため、三菱名古屋航空機製作所の海軍関係の工場は見学できなかったという、「陸海軍は新聞と同様に閣僚に対してさへ真相はひたかくしにして虚偽の戦況を伝えてゐたのである」(『藤原銀次郎回顧八十年』)。昭和14年の抱負に立ち帰ることができたなら、米国スタンフォード大学に範をとって学問と実地を理想とした藤原が設立した藤原工業大学を昭和19年7月には慶應義塾に寄付することもなかった。

IX 下出国会へ、対満事務局に

下出は昭和17年4月30日、衆議院議員になり、出光佐三らとともに内閣委員となって、対満事務局で活動することになった。大東亜省に統合される目前、「大東亜共栄圏ヲ外圏、内圏ト区別スルトキ日満支ハ其ノ内圏ニ当リ就中満州ハ国防上特ニ緊密ニセザルベカラズ、日満一体化ヲ更ニ強化スル要アルベシ」(「第四回対満事務局勤務内閣委員懇談会議議事要録」昭和17年9月「極秘」印)と発言した。

日米開戦の後に、大政翼賛会推薦で国会に出ざるを得なくなり、昭和19年1月19日、軍需会社法(昭和18年10月31日)で大同製鋼は軍や国家の所有物のようになって下出は単なる生産責任者となった。

戦局は終末にいたり、工場だけでも多くの犠牲者を出して敗戦を迎えた。

下出は悔恨と反省の日々の中で、立ち戻るべき地点を探ったのではないかと想像する。鮎川が「戦時には一国の各種生産機構は全能力を発揮して戦争の遂行に向けられる。その為一度戦争がすむと膨張した生産力の捌口がなくなり、反動として不況が襲来するのが定跡である。目下の日本は支那事変の為フルの生産力を発揮して居るが、いま支那に向けられてゐるホースを事変後何処に向けるかは今から考へておかねばならぬ」(「産業之日本」昭和13年2月1日号)と述べた警鐘に留意すると、ひとまず満州事変がその地点になると考えられたのだろうか。いやさらにその前かも知れない。しかし、何ができたのだろうか、どうすれば良かったのだろうかと回想する下出の心中を勝手に推量してみるが、本当のところは、戦後の下出義雄の活動と言葉からわずかでも探るしか方法はなく、次の課題になる。

◆ コラム　下出義雄と労働運動　　　　　　　　　木村　直樹

　下出義雄は 1917（大正 6）年、木曽川電力支配人、電気製鋼所取締役などを経て、大正 9 年 10 月、31 歳で名古屋紡績に専務取締役として入社した。大正 11 年 8 月には豊国セメント（名古屋セメントの後継）にも入社した。下出書店が大正 12 年の関東大震災で罹災して本格的に名古屋へ戻り、名古屋紡績の経営に専心していたとき、大正 13 年 4 月 18 日に待遇改善要求から、中部労働組合連合会（会長、荒谷宗治）に加盟して労働組合を準備していた長谷川重蔵らの解雇撤回闘争に直面した。同じ日に服部紡績桜田工場で女工ストライキが発生して要求を貫徹させていた。

　若き下出にとっては、角田睦雄『新労働組合運動』（下出書店、1921 年）の発行人でもあったので、驚くことではなかった。24 歳の若さで発行直前に亡くなった角田（時事新報記者、慶應義塾大学理財科出身）について小泉信三は「英吉利労働組合運動最近の傾向と其由来とを、理論実際の両方面に亘って甚だ正確簡明に叙述して居る」と序に記している。

　大正 10 年に愛知時計の大争議があり、名古屋労働者協会（代表、名古屋新聞主筆小林橘川）の葉山嘉樹（船員などを経て名古屋セメント工務係、名古屋新聞記者のちプロレタリア作家）は、辞職してこの争議に関わった。「労働組合」の「団体交渉権」を求めて闘い、ストを実行した。治安警察法で葉山らリーダーが逮捕されたあと、大正 12 年には右派の中部労働組合連合会が立ち上がり、左派はひそかに赤色労働組合を立ち上げ、それを秘密結社として、名古屋共産党事件が発生した。寄田春夫、葉山らが逮捕された。

　元 WP（ホワイトプロレタリアート）労働組合組合長で名古屋新聞記者でもあった岩田静淡（本名、秀一）は「大正 13 年 4 月 30 日名古屋紡績株式会社に勃発した争議は、労組の右派と左派が未意識で極秘裏に指導し、偶然にも同じ戦術を企画して、同時刻にスト断行の挙にでたばかりか、左派の活動は警察のミスで「おめこぼし」日ごろ穏健だった右派幹部が、工場敷地内に進入した行動がトガとなり二十四名が「騒擾罪」の処刑をうけたという、ナゴヤの労働運動界には前代未聞の事件だった」（『民主主義の英雄たち』青灯展望社、1959 年）と書き残した。

　名古屋紡績は大正 11 年下半期から業績が悪化し、工場整理し八熊町の本社工場にしぼり、労働時間が 12 時間から 13 時間に延長されたり、人員整理も考え

られたときだった。「開明的な重役だった下出義雄と荒谷宗治との会見は平穏な話しあいのうちにおわり、下出は名紡支部の発展とその団体交渉権をみとめる態度を示した」（斎藤勇『名古屋地方労働運動史〔明治‐大正編〕』風媒社、1969年）。ところが、大株主近藤繁八の意を受けた松原支配人たちが活動家を解雇し、労働組合設立の件は下出専務の斡旋に任せるとした妥協案をつぶしにかかった。争議には名古屋向上会、名古屋機械工組合も応援に参加した。翌日の名古屋第2回メーデーは、弾圧されながら300名ほど集まり、寄田春夫、小沢健一ら7人が労働歌を歌ったとして検挙された。600名ほどの警察官に囲まれながら示威行進を成功させたが、逮捕者も増えた。そのスローガンには「土地を国有にせよ」「労農ロシアを承認せよ」「婦人労働者の夜業を廃止せよ」「失業防止の徹底」「最低賃金制定」「八時間労働の即時実施」などが掲げられた。その後、名古屋紡績は工場閉鎖に追い込まれ、労働運動も下火になった。戦時下を経て、公職追放前の1945（昭和20）年12月、下出は終戦後の帝国議会（労働組合法案委員会）に出席した。

第7章 鈴木バイオリンの経営危機を救った
　　下出義雄

安保 邦彦

　鈴木バイオリンは、1888（明治21）年2月の創業から今日まで、日本唯一のバイオリン専業メーカーとして生き残っている。創業者・鈴木政吉は、1859（安政6）年、現在の名古屋市東区宮出町に生まれた。1884（明治17）年に父正春が病死し、家業の和楽器の斜陽化は避けられないとバイオリンの生産に踏み切る。彼の功績は、楽器の製造において従来の職人仕事の手作業から工場での大量生産方式を可能にしたことである。

　1914（大正3）年7月に第一次世界大戦がヨーロッパで始まり、1818（大正7）年11月に終わった。ヨーロッパの戦乱は、ドイツ、フランス、チェコなどの弦楽器メーカーに壊滅的な打撃を与えた。反対に鈴木バイオリンへは、世界から注文が殺到した。鈴木バイオリンは、ギター、マンドリンなど楽器の総合メーカーになり、最盛期時代であった。この時期、輸出で儲けた金で政吉は、名古屋市内の各所に土地を買った。しかし鈴木バイオリンは、1921（大正10）年を境に下降線をたどり試練の日々を迎える。

　1930（昭和5）年の昭和恐慌では、一流の企業であった神戸の鈴木商店や十五銀行が倒産、国立の台湾銀行も苦境に陥った。こうした経済環境の悪化に加えて、1925（大正14）年から始まったラジオ放送の普及と、この時期に大流行を呼んだ蓄音機の改良が、バイオリンの売れ行き不振に拍車をかけることになる。音楽愛好家が自分で演奏する傾向から、ラジオやレコードを通じて一流の演奏家の演奏を楽しむことに変わってきたのだ。このために震災後はバイオリン、マンドリンの売れ行きが段々と悪くなってきた。

　不況と流行の変化との二重の打撃により、鈴木バイオリンは苦境に陥る。1930（昭和5）年6月、個人会社から資本金50万円の「鈴木バイオリン製造株式会社」と改める。しかしこうした努力も報われず、土地、建物の暴落で不動産の売却による資金は得られなかった。さらに主力銀行の明治銀行が倒産し、1932（昭和7）年11月、和議破産の申請に踏み切った。

資料7-1　鈴木政吉の済韻研究所（愛知県知多郡大府町名高山）
写真は、大府市歴史民俗資料館提供

資料7-2　鈴木政吉胸像建立地地鎮祭（同社大府工場敷地）
左から2人目：創業者鈴木政吉、3人目：長男鈴木梅吉、4人目：社長下出義雄
写真は、大府市歴史民俗資料館提供

第 7 章　鈴木バイオリンの経営危機を救った下出義雄　　　63

　翌 1933（昭和 8）年 7 月に破産申請が認可されると長男の梅雄が再建に乗り出す。
満州事変以降の景気回復も手伝って約半年で債務を完済し 1934（昭和 9）年 4 月に
は販売体制を一新した。その中身は鈴木バイオリンが名古屋の星野楽器店など全国
の 8 店で構成する「鈴琴会」と特約し全国一手販売を委託するというもの。1935
（昭和 10）年 3 月には、政吉と仲の良かった下出義雄や下出の親友である荒川長太
郎（荒川長太郎合名会社社長）らの支援を仰いで資本金を 10 万円から 20 万円に増資
するとともに知多郡大府町梶田に分工場を建設、ギター、サンダルの製造を始め
た。この増資の前月に政吉は社長を辞任し、同年 6 月には下出義雄社長、鈴木梅雄
専務の新体制が確立した。出資者には、下出、荒川のほかに政吉の五男・二三雄の
義父で大手玩具卸商の岩田芳之助らが名を連ねていた。下出社長時代の経営陣に支
配人兼務の後藤俊一がいた。愛知県庁出身で総務部長格として失業や健康保険業務
などを担当した。
　下出の社長就任による影響は、財界の大物を経営陣に据えたことにより会社の信
用が増したことにある。後年、梅雄が下出を「最大の恩人」と告白していることか
らもその重みがわかる。鈴木バイオリンが、初めて配当をしたのは 1939（昭和 14）
年からで 1945（昭和 20）年まで 5％の配当を維持した。
　配当を始めたのは、下出義雄が社長に就任してから 4 年目であり第「弐拾回事
業報告書」（1940（昭和 15）年 6 月〜 11 月 30 日）に見られるような黒字決算が 1939
（昭和 14）年からできるようになったと推察される。すなわち当期の売上金 17 万
3,612 円、純利益が 1 万 1,588 円に対して前期の繰越金が 7,218 円あることからもこ
れが裏づけられる。義雄は、1941（昭和 16）年に会社再建のメドがたったとして鈴
木梅雄に社長の座を渡した。第二次世界大戦中は、岐阜県恵那郡に疎開していた
が、1946（昭和 21）年に現在の所在地、名古屋市中川区広川に工場を移し鈴木一族
による経営が続いている。

◆ コラム　下出義雄と名古屋株式取引所　　　　　　安保 邦彦

　名古屋証券取引所の前身は、1886（明治19）年3月18日設立の株式会社
名古屋株式取引所にさかのぼる。立地は、愛知県名古屋区下長者町1丁目15番
地で資本金10万円であった。頭取は森本善七で全国的に見れば、名古屋は東京、
大阪、横浜、神戸、京都に次ぐ6番目であった。しかし1889（明治22）年に
なり2、3の会社の営業失敗から名古屋経済界は恐慌の兆候を示しその影響は株
式の売買にも影響した。その結果、名古屋株式取引所の存続は難しくなり同年
12月12日付きで解散となり3年有余の幕を閉じた。

　その後、名古屋地区の経済界の発展につれて株式取引所の再開を望む声が強
くなり1893（明治26）年12月18日、名古屋市中区南伊勢町86番に資本金
7万円の株式会社名古屋株式取引所が設立された。初代の理事長は奥田正香で、
1894（明治27）年2月19日から売買立会を始めている。1918（大正7）年
4月、同取引所は中区南伊勢町1丁目3番地に移転している。1923（大正12）
年1月19日に義雄の父親である下出民義が、翌年の12月20日まで4代目の
理事長に就任している。

　義雄は、1924（大正13）年12月名古屋株式取引所の監査役に就任して以来、
理事、常務理事を経て1934（昭和9）年6月20日に第8代目の理事長に選ば
れている。1941（昭和16）年12月8日に太平洋戦争が勃発し義雄が社長職
にあった大同製鋼が軍需生産で繁忙となった。このため12月に理事長を辞任し、
その後相談役についている。

　1943（昭和18）年6月30日、太平洋戦争が進むにつれ国家目的の完遂とい
う名目のため、全国11か所にあった各株式取引所は日本証券取引所に統合され
その支所となった。戦局の悪化で7月15日には、軍需産業の労働力確保のため
「企業整備資金措置法」が施行され、全産業にわたり企業整備が行われることに
なった。このような国策が証券業界にもおよび、大蔵省は、10月19日、「取引
員業整備実施要綱」、「取引員統制組合結成要綱」を発表し、取引員の整備統合、
つまり集約化が進んだ。前者は、軍需産業へ労働力を振り向けるため取引員を半
数程度に減らすのが目的だった。後者は、市場ごとに金融統制団体令に基づく取
引員統制組合を新たに組織させ、組合員の行う売買取引、その他の業務の経営
の指導統制などを行うとした。これらの措置により名古屋取引員組合は解散し、
1943（昭和18）年11月19日、新たに名古屋取引員統制組合として発足した。
理事長は、河瀬文一、下出義雄は評議員に選ばれている。

資料　創業間もない名古屋株式取引所（1907 年頃の撮影）
（『愛知県写真帖』所収：愛知県発行）

　やがて 1945（昭和 20）年 8 月 15 日の終戦を迎え、名古屋取引員統制組合は 10 月 1 日に名古屋取引員協会へ、1947（昭和 22）年 3 月 28 日には名古屋証券業協会へと名称を変更している。下出義雄は、名古屋取引員協会の発足時に顧問に選ばれている。

　1949（昭和 24）年 2 月 12 日、証券取引法に基づく名古屋証券業協会が発足し、これまで存在した名古屋証券業協会は消滅した。終戦で閉鎖されていた証券取引所は、新たに東京が同年 2 月 12 日、大阪が 15 日に発足していた。名古屋は 3 月 7 日に創立総会が開かれ 4 月 1 日に発足、初代理事長に下出義雄が就任した。同年 2 月 12 日、GHQ（連合国軍総司令部）渉外局は、「マッカーサー最高司令官は、日本政府に対し、東京、大阪、名古屋の 3 証券取引所を 5 月 14 日から再開することを許可した」と発表した。これにより 3 つの証券取引所は、16 日から一斉に売買立会を開始した。名証は一時、仮市場で売買立会を行っていたが、1950（昭和 25）年 5 月 5 日に新しい立会場が完成した。しかしこれは真下が道路という全国でも珍しいアーケード式の建物となった。このほか 1951（昭和 26）年 7 月には月刊誌『セキュリティズ』の発刊に踏み切っている。これは名証で初めての機関誌で B5 版 34 ページ、前半を一般経済記事と読み物とし、後半を株式相場表と株式指数などの統計欄で構成。義雄が出版社を経営した経験も影響してか多彩な内容で証券会社の調査研究内容、時局に関する学者の寄稿に加え、関係者の随筆、和歌、俳句なども載せた。千部を印刷し会員、上場会社、図書館、学校、一般投資家などに配布した。1952（昭和 27）年 4 月下出は、任期満了を機会に退任した。

【参考文献】
『名古屋証券取引所三十年史』名古屋証券取引所、1980 年 11 月 6 日

第 3 部

下出義雄の文化・社会活動

第8章　下出書店と杉原三郎

朝井　佐智子

Ⅰ　はじめに

　下出書店は、下出義雄が大正期に創業したとされる出版社である。拙稿「下出書店に関する一考察」[1] では、所在地は「東京青山原宿百七十番地十六号」、「東京市神田區錦町三丁目十八番地」、「東京市麹町區永田町二の一」の３か所であったこと、創業時期は様々な記述があり不明な点が多く確定はできなかったが、初めての出版物は、1921（大正10）年４月10日発刊の武者小路実篤著『友情』であったことを明らかにした。また、出版事業のみを行っていたとされていたが、古書販売業と貸本業も同時に行っていたことが判明した。

　下出書店という事業は、単なる出版社ではなく、下出義雄、隼吉のそれぞれにとって大きな影響を及ぼした事業であったと言える。義雄にとっては、実業界に踏み出す第一歩目の経営であり、その後の名古屋での数々の事業にとって、下出書店の経験が有用であったことは紛れもない。また隼吉にとっては、下出書店から発行した『社会学雑誌』で、他の社会学者や多くの知識人と意見を交わす機会も増えたのではないだろうか。今井時郎、尾佐竹猛、吉野作造、戸田貞三、小野秀夫、林恵海らとの交流は、もちろん優れた学者としての隼吉の実力もあるが、下出書店という媒介が一役を買った部分もあったであろう。

　しかし、この下出書店には依然として不明なことが多く、特に下出義雄・隼吉兄弟が下出書店の経営にどの程度携わっていたか、出版に関するどのような業務を行っていたかなどは、全くと言ってよいほど明らかになっていない。

　下出書店の営業活動期間は、下出義雄（以下、義雄と記す）が他の職務にも就いていた時期でもあり、弟の下出隼吉（以下、隼吉と記す）に関しても大学に籍を置いていた時期でもある。それゆえ、実務的に下出書店を動かしていた人物が他にもいたであろうということは想像に難くない。しかし、社員名簿が存在するわけでも

なく、具体的に固有名を挙げることは容易ではない。但し、資料から確認し得る人物が唯一いる。それが本稿で取り上げようとする「杉原三郎（林三郎）」である。

杉原の人物像にはいまだ不明な点が多いが、彼が草創期の下出書店で腕を振るっていたことは、新聞記事、出版図書、本人の経歴紹介などから確実であろう。下出書店の活動に何らかの影響を与えたであろう杉原の活動を明らかにすることは、下出書店の実像を見極めるのに少しでも役立つのではないかと考えている。

本章は、杉原の活動状況、信条その他を辿ること、および杉原三郎の下出書店への関わりを明らかにすることによって、そこから導き出せる下出書店自体の活動・方針等を明らかにすることを目的とする。但し本章では、杉原三郎を中心として下出書店を捉えるので、下出書店の存在が確認できる創業時から 1926（大正 15）9 月までのすべてを取り上げるのではなく、杉原三郎が補佐的役割を果たしたと推測できる 1921（大正 10）12 月 30 日までに関して述べてみたい。

なお、下出書店に関する記述から杉原三郎の名前が見いだせなくなる 1922（大正 11）年 1 月 1 日からと、隼吉が主として経営者として名の挙がっている 1924（大正 13）年 5 月から 1926（大正 15）年 9 月までの時期に関しては、他稿に譲ることとする。

Ⅱ　下出義雄・隼吉と下出書店

1　下出義雄の場合

従来、下出書店に関しては「下出義雄が創業した出版社である」とのみ表現される存在であった [2]。それは、下出義雄が積極的に創業に関わったのか、また実務をどの程度担ってきたかなど、明らかになっていない点が多い事業だからである。そのため、義雄の業績が紹介されるに当たって「下出書店経営」と明記されることはまれである。確かに下出書店の活動期間は多くの名古屋地域の事業に携わっていた時期でもあり、名古屋・東京の 2 か所での活動をし得たのか、そしてそれほどの時間的余裕があったのかという疑問もあり、義雄の業績のひとつとして位置づけるには説得力に欠く面も多かった。

下出書店の創業時期は、いまだに確定できないところが多いが、出版物の発行状況から確実に下出書店が活動していたと示すことのできた 1921（大正 10）年 4 月『友情』の発行時に、義雄はどのような立場にあったのであろうか。

1921（大正 10）年時点では、木曽川電力支配人、電気製鋼所取締役 [3]、東海電極社員、矢作水力発電社員、名古屋紡績専務取締役の 5 つもの役職を兼任していたことになる。この経歴を考えると、義雄が下出書店の業務を遂行するということは困難であったであろう。

肩書きのみで取締役会に出席する程度の業務しかしていなかったと仮定してみよう。出版社の業務は、何を出版するかを計画し、著者となる人物に依頼する、校正作業したものを印刷所に入稿するなど、多岐にわたっている。大正時代のことでもあり、一冊出版するだけでも多くの労力を必要としたはずである。ましてや 1921（大正 10）年 4 月から 12 月までのわずか 9 か月で 23 冊もの出版をやり遂げている。ひと月 2 冊以上のペースで出版するという驚異的なスピードである。他の業務と並行して下出書店での出版業務をこなしていたと考えるのは少し不自然であろう。

また下出書店は、出版社としてのみではなく、古書販売と貸本業も兼業していたことがわかっている。そうなると店舗をかまえて客とも応対しなければならない可能性もでてくる。この作業量を考えただけでも常駐せずに下出書店の業務を行っていくということは難しいものだったであろう。

実際には、名前だけの名誉職に甘んじていたわけではない。義雄の「真面目」な性格も影響したのであろうか。自分の職務は自分の目で見、全力で動いて業務をこなしていた、みずからの次のような電気製鋼所でのエピソードも伝えられている [4]。

　福澤氏自ら社長として、寒川氏は常務として、私は取締役支配人として發足した。福澤社長は殆ど仕事を寒川氏に任かせて居られたので、仕事は自然寒川氏と私とがたづさはつて居た。と云うより事實は、寒川氏が技術の方面は勿論殆ど全責任を負はれ、私は氏の下で支配人とは云え、二十八歳の一介の青年で、實は見習ひやら使歩きをして居たに過ぎなかつた。

電気製鋼所では、留守勝ちな福澤桃介に代わって常務の寒川恒貞が辣腕を奮っていたが、この寒川の手となり足となり義雄が動き回っていたと述べられている。常務や支配人という役職は名前ばかりで、一般社員以上に飛び回っていたようである。寒川と設立間もない電気製鋼所を軌道に乗せるべく、奮闘している義雄が目に浮かぶようである。下出書店の日常についても、著者や印刷所等と打合せをし、出

版までこぎつけるという業務は片手間にはできそうにない。

2　下出隼吉の場合

　義雄は下出書店経営にのみ専念することが困難であったということは、上述の仕事内容からも容易に推測できよう。では弟の隼吉が、担当していたことはあり得るのであろうか。従来、父・民義が「資本は私からである。東京帝大文学部に在学した次男隼吉の頼みで、隼吉が関係していた日本社会学会の機関誌発行の経費を出した。ついで明治文化研究会にも援助した。日本社会学会は、東大の社会学教室に籍は置いたが仕事は一切隼吉宅で行った。事務所を隼吉宅に置き、事務員の給料もこちらで払った」(5) と述べていることから、日本社会学会『社会学雑誌』を出版する以前の下出書店に関しても、経営者の名義は兄・義雄ではあったが、実際に下出書店を預かっていたのは、隼吉ではなかったのかと推測されることが多々あった。

　義雄同様、隼吉に関しても『友情』の発行時の1921（大正10）年の状況を検討してみたい。隼吉は、結婚したばかりの年であり (6)、東京帝国大学の学生として、家庭人としての生活を両立させていた時期である。25歳という年齢からすると、社会人としての活動は可能であったであろうが、果たして東京帝国大学の学生、家庭人、そして下出書店の番頭としての三足のわらじを履いて奮闘できたのであろうか。

　『友情』の発行時より少しあとの関東大震災前のことではあるが、藤原勘治が隼吉の死を悼む遺稿集に寄せた文章のなかで、「神田錦町の下出書店の二階で、度々集つまったものです」(7) と記している。『社会学雑誌』の発行に関しての話か下出書店で発行しようとしている社会学関係の本の内容にも及んでいるのかは不明である。

　1922（大正11）年1月以降「東京市神田區錦町三丁目十八番地」に下出書店の拠点を移してからは、隼吉が大いに関わったのであろう。城山三郎『創意に生きる——中京財界史』には「錦輝館のビルの三階建てのビルの一階を借りて下出書店は開始した」(8) と述べているように、実際に下出家の人物が関わって創業したのはその時期だったのであろう。裏を返せば1921（大正10）年12月31日以前は、すなわち「東京青山原宿百七十番地十六号」を拠点としていたころは別の人物が下出書店を取り仕切っていたことを聞いたために、こうした表現になったのかもしれない。

しかも、当時、隼吉は、一人の研究者の業績とは思えないほど大量の学術論文を発表しており[9]、加えて同じ時期に明治学院講師として教鞭も執っており、不案内な出版業務に最初から関わり、古書販売、貸本業もこなすほどの時間となると話はまた別のことになろう。

下出義雄、隼吉の両者が、容易に活動に専念できないとなると、だれかほかの人物が手となり足となって活動したと推測するのが当然であろう。

Ⅲ　杉原三郎の経歴

本章では、下出書店の経営に専念できる状態ではなかった下出義雄・隼吉兄弟に代わり、第一期の下出書店に番頭として活動し、実務を担当していたと推測される杉原三郎（林三郎）について述べていきたい。下出書店最初の所在地「東京青山原宿百七十番地十六号」に居住していた人物でもあり、自身の経歴紹介のときに「下出書店経営せり」[10]と記述もしており、確かに下出書店に関わった人物である。

経営者は下出義雄であるので、杉原が経営していたわけではないが、経営者同様に大きく関与していたということが「下出書店経営」と表現させたのであろう。

ここで簡単に杉原三郎の経歴を述べてみたい。杉原は、事典に掲載されるような人物ではなく、経歴がまとまって記されているものは少ない。手がかりとして『丸之内漫画紳士録』[11]、『丸之内人名事典』[12]、『大衆人事録　第14版東京篇』[13]に経歴が記されており、それらを参考に表8-1にまとめた。

前者の2冊は発行が「丸之内新聞社」という杉原自身が経営していた出版社から出版されたものであり、当然、自由に自分の経歴を書き記すことができるものである。そのため内容の真偽には疑問が残る。但し前出『大衆人事録』は帝國秘密探偵社編纂部発行であり、自社出版ではないという点で多少の信頼はおけるのではないかと思う。そこでこれら3冊を基に疑問を呈しながら論を進めていく。

1889（明治22）年4月6日、山形県香澄町に利置の三男として生まれる。下出義雄は1890（明治23）年5月12日の生まれであり、杉原の方が1歳ほど年長者ということになる。山形より府立第一中学校へ勉学のために上京したとなるとよほど優秀であったか、または裕福な家柄であったのであろう。特に府立第一中学は政治家、官僚、教育者などの逸材の出身校でもあり、東大予備門への登竜門とも言われた学校でもある。しかし、『東京府立第一中學校創立五十年史』には、卒業生名

簿が記載されており、卒業生のみならず「半途退学者」も含んだ名簿となっている[14]。すなわち一度でも在学した形跡があれば、名簿上に記載がされるはずであるが、「杉原三郎」の名前は見当たらない。その後進学した青山学院には卒業者として名前があり、1909（明治42）年中等部卒業であることが確認できる[15]。

次に記される経歴は、アテネフランセ、独逸語専修学校、正則英語学校と各種の語学学校である。英語、フランス語、ドイツ語と手当り次第に言語を習得してやろうという心意気が読み取れる経歴である。ただし、これら語学関係の卒業生名簿に「杉原三郎」なる人物の名前は見当たらない。選科生、聴講生の類いを経歴として記しているのかもしれない。

その後は新聞記者として活動したことになっている。読売新聞、中央新聞、毎夕新聞、いずれも当時でも有数な新聞社で記者活動をしたと記している。社史で確認できるのは『読売新聞百二十年史』[16] のみであるが、ここに名前が登場することはない。

彼の経歴のなかで異彩を放っているのが東京毛織[17] という職歴である。労働者としての経験を積むという意味合いもあったのかもしれないが、少し文筆活動から離れた世界に入ったようである。

彼の出版社としての出発は同文館書店であるが、現在の同文舘出版とは何ら関係はなく、同文館の名を冠する出版社が大正期には2社存在していたことになる。杉原の同文館書店からはテオドル・リップス著・藤井健治郎訳『倫理学の根本問題』（1921年）の出版が確認できる。

恐らくこの同文館書店編集部の次に、下出書店での活動に移ることになる。この時期の杉原に関しては次章で改めて述べることにする。

彼が記す経歴には特記されていないが、1922（大正11）年から社会理想社という新たな出版社を立ち上げることになる。この出版社の立ち上げのため、下出書店での業務を継続し得なくなったと推測できる。『人格主義の否定』や『社會主義倫理學研究』（のちに『共産主義研究』に改題）など、自著作品の出版をこの新たな出版社から確認することができる。

その後、丸之内新聞、国際書院、日本産業報国新聞社と出版業界で活躍が続いていく。これら3つの出版社に関しては、出版された書物の奥付から「発行者　杉原三郎」の記述が確認でき、これらの出版社を経営していたことは間違いない。

補記しておくが、杉原は丸之内新聞社時代「林三郎」と名乗ることが多かったよ

74　　　第3部　下出義雄の文化・社会活動

表8-1　杉原三郎　略歴

西暦（和暦）	経歴
1889（明治22）	山形県香澄町に利置三男として生まれる＊
年代不明	東京府立第一中学校に学ぶ＊
1909（明治42）	青山学院中学部卒業
年代不明	アテネフランセ、独逸語専修学校、正則英語学校に学ぶ＊
年代不明	読売新聞記者、中央新聞記者、毎夕新聞記者＊
年代不明	東京毛織＊
年代不明	同文館書店編集部＊
1921（大正10）	下出書店
1923（大正12）〜 1924（大正13）	社会理想社　自著：『人格主義の否定』、『社會主義倫理學研究——杉原三郎個人研究雑誌』　発行者として：マルクス著内山賢次訳『共産党宣言』
1924（大正13）	朱文書店　自著：『共産主義研究』発刊
1924（大正13）	聚芳閣　自著：『社会主義の価値哲学』発刊
1926（大正15）	丸之内新聞社　自著：『新聞雑誌操縦法』、『小新聞経営法』、『良き新聞記者—若き新聞記者又は新聞記者を志す人々のために』
1933（昭和8）	国際書院　発行者として：蓮見大作『異邦人たち——戯曲集』、鹿地亘『文学運動の新たなる段階のために——宗派主義の克服と創造的任務の展開』、松田解子『女性苦：小説』、岡本唐貴『新しい美術とレアリズムの問題』、小林多喜二『転形期の人々』、小林多喜二『小林多喜二全集第2巻』、ソヴエート作家同盟組織委員会編、川口浩訳『社会主義的リアリズム——ソヴエート文壇の新段階』、ノヴイコフ・プリボイ著、佐野英・本間七郎訳『ツシマ：対馬（上・下）』
1941（昭和16）	日本産業報国新聞社　自著：『勤労者読本』、『勤労者技術読本』、『指導者読本』、『新経営場読本』、『技術史物語　第1篇・第2篇』、『史伝上杉鷹山』　発行者として：アドルフ・ヒトラー、リッペント『戦の責任者は誰か夫れはルーズベルト——ヒットラー総統・リッペントロップ外相の大演説』、伊藤述史『国際情勢から見た我が国の新体制運動（産報講演叢書第1輯）』

注：表中の＊は、『丸之内漫画紳士録』、『丸之内人名事典』の記述による。

うである。林、杉原どちらの表記も混在するが、林三郎、杉原三郎いずれの経歴も共通であることから同一人物であると判断し、論を進めていく[18]。

Ⅳ　下出書店と杉原三郎の出会い

　次に、下出書店と杉原三郎を結びつけた出会いは何だったのかという点を考察してみる。初めての出版が『友情』であり、古書販売や貸本屋を生業としていたことは拙稿で述べたが、それより以前の1920（大正9）年1月『東京朝日新聞』に「島

崎藤村氏の『新生』に表れた心を體して毎月一回会合するもので第一回を二月一日午後一時から青山原宿一七〇杉原三郎方に催す」[19]、「『新生』会第二会例会　来月七日午後五時青山原宿一七〇ノ一六杉原方に開催　志垣寛氏の講話がある」[20] との記事が掲載されている。

　「新生会」が第1回目と第2回目の集まりを行うという短信ではあるが、ここには、多くの情報が含まれている。まず、杉原三郎が新生会という会を主催していること、杉原三郎の自宅の住所が、第一期の下出書店の住所と一致すること、後々、新生会叢書というシリーズ本を下出書店から出版していくことになるが、そのシリーズの名称と会の名称が同一であるということである。

　新生会は、島崎藤村の小説『新生』から名づけられたとある。この藤村『新生』は、1918（大正7）年5月より『東京朝日新聞』に連載された小説で、島崎広助の長女こま子と島崎藤村との近親相姦とその子供に関する著述である。

　ダンテの『新生』もその直前の1917（大正6）年 [21] に翻訳出版され、人々のなかに死を乗り越えて新しく生まれ変わる「新生」という言葉が浸透しつつあった時期である。

　この新生会の活動は、この二つの新聞記事のほかには開催場所が「飯森方」に変更になった記事をみるだけであり、その後一切掲載されることはなかった。

V　杉原三郎の下出書店での活躍

　では、実際に杉原三郎は、どのような形で下出書店に関わっていたのであろうか。前章までで丸之内出版から出版された本に「下出書店経営せり」という経歴が記されていること、また1921（大正10）年12月30日までは杉原三郎の住所が下出書店の所在地であることから、下出書店に関わりのある人物であることを説明した。そこで、杉原の具体的な活動を下出書店の出版物やその著者の日記などから探ってみたい。

　最初に杉原が登場するのは、1921（大正10）年9月8日に出版された高橋誠一郎『私有財産制度の変遷』である。高橋誠一郎 [22] はイギリス留学経験もある経済学者である。義雄の師である福田徳三 [23] の知己から出版を依頼した可能性が大きいが、「今回の上梓に就きましては、万事下出書店の杉原三郎氏を煩わしました」と杉原を頼りにして書いたと前書きにおいて記している。義雄の発案としても義雄自

身ではなく、杉原三郎が高橋誠一郎の出版に大変尽力をしたという様子が伝わってくる。

次に登場するのが、1921（大正10）年11月7日発刊の桑木厳翼『(新生会叢書第9篇) 文化と改造』においてである。「書店の杉原氏の短兵急な手腕は、否應なしに原稿を自ら整理せられるようになり、私自身は、終に校正の際に若干の訂正を施すのみで忍ばなければならぬ破目になった」(24)とまえがきに杉原の手腕を評価している。下出書店の出版物は1921（大正10）年4月から12月までのわずか9か月で23冊にも及ぶことは前述したとおりである。この速度で出版するためには、是が非でも急がせる必要があったのは肯ける。「短兵急」と表現したくなるほど、速やかな出稿を強硬にお願いしたのであろう。ちなみに桑木厳翼の弟・桑木或雄も、それより以前の1921（大正10）年9月14日に『(新生会叢書第4篇) 物理学序論』を下出書店から出版している。桑木或雄の出版の際に、厳翼にも依頼することを思い立ったのか、そうしてみるとわずか1か月少しの間に出版を急がせるのは、まさしく「短兵急」と言いたくなるであろう。

また上田貞次郎日記 (25) では「大正十年十月八日　下出書店杉原三郎氏来り出版物に付談ず。増地庸治郎氏訳シュモラー企業論は余の校訂の名を以て出す。別に余の近作の一部を『社会改造と企業』と題して出す」と記されている。上田貞次郎も経済学者で、福田徳三と同じく東京高等商業学校で経営学、社会政策論、人口論等の研究で活躍した人物である。義雄は東京高等商業学校時代に上田から指南を受けていたことから、上田の出版は義雄の提案によるものであろう。しかし実際に訪問し打合せをしているのは、杉原であることがこの日記の様子からよくわかる。果たしてこの日記の記述どおりに、1921（大正10）年12月5日には、増地庸治郎訳『シュモラー企業論』と翌日の12月6日には『社会改造と企業』と両冊が下出書店より出版されている。

いくつかの記録から、杉原三郎が、下出書店の実務をしていたという具体的な実例を紹介した。すべてではないにしても、第一期の下出書店を動かしていた人物として杉原三郎の存在は大きなものがあったであろう。

義雄または隼吉が、下出書店を出発させるに当たって、不案内な出版業界でいろいろと指針を作ってくれたのは、まさしく杉原三郎だったのであろう。

Ⅵ　杉原三郎の思想傾向と下出書店の出版物

　次に、杉原三郎の人物像を探ってみたい。前述したように、新聞記者を歴任し、いくつかの出版社を経営したことから文筆活動に深い造詣のあった人物像が浮かび上がってきた。

　そこで彼が著者となっている出版物、彼が代表者になっている出版社からの出版物を見ることによって、杉原の思想的傾向を考察していくことにする。

　現在、杉原三郎の著作物だけでも、書籍が 10 冊、雑誌掲載記事が 2 編、杉原発刊の雑誌 10 冊が確認できている。彼が主催した出版社からの出版物となると 20 冊以上になる。恐らく確認できていない出版物もあるはずなので、それらを含めた上での全体像からではないが、確認できているものからだけで分析していきたい。

　彼の傾向は、大きくわけて 4 つに分類できるであろう。

　第一が、読売新聞、中央新聞、毎夕新聞の新聞記者としての経験を生かした出版物である。『新聞雑誌操縦法』、『小新聞経営法』、『良き新聞記者——若き新聞記者又は新聞記者を志す人々のために』[26] がある。この 3 冊をわずか 2 か月のうちに一気に出版するという筆の早さである。下出書店での出版速度を彷彿させるように丸之内新聞社からも間髪入れずに立て続けに出版をしている。

　第二が、労働者の便宜を図るような出版である。『勤労者読本』、『勤労者技術読本』、『指導者読本』、『新経営場読本』、『技術史物語　第 1 篇・第 2 篇』[27] などがその分類に入るであろう。これらはいずれも日本産業報国会新聞から出版されている。労働者の立場に立った視点は、第三に分類する共産主義やプロレタリア文学にも通じるものがあったのであろう。

　そして第三に、彼の思想上、大きな影響をもっていると思われる社会主義思想、共産主義思想、プロレタリア文学に関するものである。

　自著としては、1923（大正 12）年 5 月社会理想社発行『人格主義の否定』[28] [29]を皮切りに、同年 5 月『社会主義倫理学研究』、1924（大正 13）年『共産主義研究』の個人雑誌発刊、『社会主義の価値哲学』[30] がある。また杉原の経営する出版社からは、社會理想社からマルクス著内山賢次訳の『共産党宣言』が 1923（大正 12）年に、国際書院からは 1933（昭和 8）年『小林多喜二全集　第 2 巻』と同年ソヴェート作家同盟組織委員会編、川口浩訳『社会主義的リアリズム——ソヴエート文壇の新段階』が発刊されている。

杉原が関わった著作物を見ただけでも、いかに社会主義、共産主義に大変興味の
あった人物であるかということがわかる。それを裏付けるような新聞記事もある。

（展望台）山本改造の向うを張る杉原三郎氏
往年、大杉栄など、同時代に社会運動をやった杉原三郎氏が、今度神田北神保町
に国際書院とい云ふのを始めたが◆手始めに早速『小林多喜二全集』八巻を出し
たが、彼氏こゝもと労働服を着て、東奔西走してゐる。五月から文芸雑誌も出し
て、いよいよ文芸出版を大がゝりに、改造山本の向ふを張るんだと力んでゐる◆
只ものでない彼、『丸の内新聞』をやって来て相当儲けたらしい彼だけに、その
活動は注目される(31)。

1933（昭和8）年の『読売新聞』の記事ではあるが、杉原三郎の人物像を描くい
くつかの手がかりが含まれている。
　1933（昭和8）年5月から文芸雑誌を始めたとあるが、「国際書院」からの出版雑
誌は発見できず、内容等は不明である。ただ山本実彦の『改造』というと「大正デ
モクラシー運動の高揚期に、当時の社会改造思想を正面にすえた特集を組み」、「プ
ロレタリア文学流行期にはそれに多くの誌面を割くなど多くのマルクス主義者に誌
面を開放し、社会主義運動とマルクス主義の普及に多大の貢献をした」(32)雑誌でも
ある。その『改造』の向うを張るとなるとプロレタリア文学や共産主義、社会主
義運動などを扱った雑誌という可能性は大いにある。確かに、「労働服を着て」や
『小林多喜二全集』(33)を発刊したという表現からも彼が国際書院から発刊した文芸
雑誌も『改造』と同じような傾向の雑誌だったのであろう。
　それは出版物に限定されるというだけではない。杉原自身のことについても「大
杉栄などと同時代に社会運動をやった」と書かれていることから、社会運動に身を
投じ、大杉栄を始めとする活動家と交流していた人物だったのであろう。
　社会主義や共産主義に興味をもち活動していたその杉原が下出書店の出版事業に
関わっていたという目で見ると、下出書店からの出版物のなかには社会主義や共産
主義、プロレタリア文学関係の書籍が多く含まれていることは肯ける。
　なかでも際立つのが大杉栄を中心とした関係者の作品が多く含まれていることで
ある。特に一番に目につくのが神近市子である。彼女は、1914（大正3）年、東京
日日新聞に入り女性記者としても先駆的な活躍をした人物である。その彼女がク

ローズアップされるのが、社会主義へ関心をもち、研究会で知りあった大杉栄と恋愛関係になったことからである。大杉には堀保子という妻があり、同時に伊藤野枝とも恋愛関係にあるという大杉をめぐる多角恋愛状態にあった。神近はこの事態を清算させるべく、1916（大正5）年伊豆の日陰茶屋で大杉を刺し重傷を負わせるという事件を犯し、2年の刑を受ける。戦後は社会党より出馬して政治家となり、1981（昭和56）年に老衰のため死去するまで波乱万丈の人生を歩んだ女性でもある[34]。

　神近は、出獄後の1919（大正8）年からは、細々ではあるが翻訳や随筆などの文筆活動に従事していた。その彼女が単著として最初の著作物を発行する出版社に選んだのが下出書店である。「新しき支那婦人」、「夜の謎」など7編を収録した小説集『村の反逆者』が1922（大正11）年3月15日に出版されることになる。本格的な小説家としての道を歩み始めるのを後押しする意味もあったのであろうか、その4か月後の7月25日にも『島の夫人』が出版されている。

　大杉栄と同じくアナーキズム運動に参加した宮島資夫の著書も下出書店の出版物に含まれている。大杉は日陰茶屋事件で社会運動家としての評判、仲間からの信頼も失った。その一方で、大杉を金銭面で支えていた神近に対して、世論は同情的であった。宮島もその一人で神近に弁当の差入れや出獄後の生活の面倒を見た[35]。神近の出版から2週間足らずの1922（大正11）年3月28日に、宮島は下出書店から『第四階級の文学』を、さらに5月15日には『犬の死まで』も出版した。

　多角恋愛のもう一方の当事者、伊藤の元夫、辻潤[36]も下出書店より著作を出版したひとりである。辻は、伊藤との恋愛で上野女学校英語教師の職を追われ、さらに野枝が大杉と同棲のため家をでると放浪生活を続けながら翻訳をする。この辻の代表作とも言えるのが能動的なニヒリズムを唱えた『浮浪漫語』であり、これを刊行したのが下出書店である。

　大杉栄を中心とした多角恋愛に関係した多くの人物が下出書店より出版した。神近市子、大杉栄の同志でもあり神近市子を支援した宮島資夫、そして伊藤野枝の元夫の辻潤、話題性を求めてということなのか、出版を引き受けるところがなかったのかは不明であるが、いずれにしても彼らの出版を手引きしたのは「大杉栄などと同時代に社会運動をやった」という杉原三郎の活動があったからこそであろう。

　大杉栄をめぐる人物以外にも、社会主義関係としては、1921（大正10）年12月に、レーニン著、新生会同人訳『労農革命の前途』、角田睦雄『（新生会叢書第8篇）

新労働組合運動』、ヨセフ・ディーツゲン・上原好咲訳『プロレタリアの哲学』など下出書店からの出版物である。杉原三郎思想から考えると大いに関わった可能性がある出版物である。これらは第一期の所在地最後の日に立て続けに出版した書籍であり、杉原としては是が非でも出版させておきたいという気持ちがあったのであろう。

第四の分類としては、アジア・太平洋戦争中の時局を鑑みた書籍である。1941（昭和16）年、アドルフ・ヒトラー、リッペント『戦の責任者は誰か夫れはルーズベルト──ヒットラー総統・リッペントロップ外相の大演説』、同年伊藤述史『国際情勢から見た我が国の新体制運動（産報講演叢書：第1輯)』を日本産業報国会新聞から出版している。その他、『史伝上杉鷹山』など分類しづらい小説や評論、雑誌への投稿が数編ある。

下出書店から出版された書籍は現在56冊が確認できている、これらのなかには、義雄の推薦によるもの、隼吉の推薦によるものが混在しているだろうが、下出書店の出版物のなかには、社会主義に関係するもの、社会主義運動家の著作物が多く含まれていることから、杉原三郎の推薦によるものが多かったのは確かであろう。

ただし、ここでひと言加えておきたい。それは義雄または隼吉が全く杉原推薦の著作物に関与していなかったとは断言できないという点である。

義雄が下出書店として居を構えた第二期の所在地「東京市神田區錦町三丁目十八番地」は、元々は映画館「錦輝館」のあった場所である。しかし、その後の錦輝館は1908（明治41）年6月22日の「赤旗事件」[37]、いわゆる「錦輝館事件」の場所として知られている。大杉栄らが無政府万歳を叫び、待ち構えていた警官に検挙されるという事件である。この事件を契機に社会主義者・無政府主義者に対する弾圧・取締りは強化されることになった。その場所に、下出書店が第二期の所在地として構えたことには、義雄の意図があったのか、それとも杉原三郎の望みだったのか、それとも偶然だったのかは、何れにしてもそれぞれについて根拠があるわけではない。

Ⅶ　おわりに

本章では、下出書店に大きく関わった杉原三郎の思想、活動を辿ることによって、下出書店の出版物との関わりを明らかにしてきた。

杉原が下出書店に関わっているということは、新生会という会を主催していること、自宅の住所「東京青山原宿百七十番地十六号」が、第一期下出書店の住所と一致すること、後々、新生会叢書というシリーズ本を下出書店から出版することなどから明らかである。杉原自身も履歴書に「下出書店経営せり」と記述していること、下出書店の出版物やその著者の日記などからも杉原三郎の活躍が記述されていることから間違いないであろう。

また、下出書店の出版物には、杉原の思想に多大な影響を与えていた社会主義思想、共産主義思想、プロレタリア文学に関するものが多く含まれていることがわかった。特に大杉栄をめぐる関係者である神近市子、宮島資夫、辻潤などの出版やレーニン著『労農革命の前途』なども含まれていることなどを示してきた。

「下出書店」は、「幻の下出書店」[38]と表現されるように資料も少なく不明な点も多い出版社であった。拙稿「下出書店に関する一考察」と本章での論説で、少しばかりの道筋が見えたのではないだろうかと自負している。

なかでも下出書店の活動を誰が支えてきたのかという謎に、重要な役割を果たしたのは、杉原三郎であることを示したことによって、新たな下出書店像を描き出せたのではないかと考えている。しかしそれは義雄や隼吉の下出書店での活動や彼らの考え方を見直さなければならないという新たな問題点をも提示することになった。今後、義雄や隼吉が主として経営者として名の挙がっている時期の下出書店の活動については次稿に委ねることとする。

【注】
(1)「下出書店に関する一考察」『愛知淑徳大学現代社会研究科研究報告』(11)、pp.13-26、2015.5。
(2)『東邦学園下出文庫目録』愛知東邦大学地域創造研究所、2008.7。
(3) 1917（大正6）年9月に取締役支配人に就任した後、本社社屋は東京駅前の東京海上ビルの一室に移転した。寒川恒貞は、名古屋との往復に忙しかったとあり、義雄も同様に往復していたのであろう（東海カーボン75年史編纂委員編『東海カーボン七十五年史』東海カーボン、1993.12、pp.124-127）。
(4) 寒川恒貞傳編纂會編『寒川恒貞傳』社會教育協會、1949.1、p.465。
(5) 城山三郎『創意に生きる──中京財界史』文芸春秋、1994.7、p.241。
(6) 拙稿「下出隼吉の生涯」『地域創造研究叢書28　下出民義父子の事業と文化活動』唯学書房、2017.10、p.10。

(7) 藤原勘治「心友　下出君」（下出民義『下出隼吉遺稿』1932.4、p.762）。

(8) 前掲『創意に生きる——中京財界史』p.241。

(9) 前掲『下出隼吉遺稿』。

(10) 丸之内新聞社編『丸之内漫画紳士録. 第 1 號』丸之内新聞社、1929.5、p.1。

(11) 前掲『丸之内漫画紳士録　第 1 號』。

(12) 丸之内新聞社編『丸之内人名事典』丸之内新聞社、1926.9、p.358。

(13) 帝国秘密探偵社編『大衆人事録　第 14 版　東京篇』帝国秘密探偵社、1942.10、p.522。

(14) 東京府立第一中學校編輯『東京府立第一中學校創立五十年史』東京府立第一中學校、1929.10。

(15) 青山学院編『青山学院一覧　大正 14・15 年度』青山学院、1926.11、p.160。

(16) 読売新聞社編『読売新聞百二十年史』読売新聞社、1994.11。

(17) 「企業特集紡績」『鈴木商店記念館 Web Site』（参照日：2017.05.05）
http://www.suzukishoten-museum.com/footstep/company/cat21/

(18) 丸之内新聞社編『丸之内紳士録　昭和 7 年版』丸之内新聞社、1932.5、p.701 には「ペンネーム林三郎」とあり、まず間違いないであろう。

(19) 1920（大正 9）年 1 月 22 日、『東京朝日新聞』。

(20) 1920（大正 9）年 2 月 21 日、『東京朝日新聞』。

(21) 1917（大正 6）年 2 月 20 日「（広告）洛陽堂　新生ダンテ中山昌樹訳」『東京朝日新聞』。

(22) 高橋誠一郎『私有財産制度の変遷』下出書店、1921.9.8、p.2。

(23) 東京高等商業（現一橋大）の教授の時期に義雄は授業を受けたと推測できる。また大正 7 年吉野作造らと黎明会を結成しており、隼吉とも面識があったと思われる。

(24) 桑木厳翼『(新生会叢書第 9 篇) 文化と改造』下出書店、1921.11.7、p.2。

(25) 上田貞次郎日記（参照 2017.5.5）。
http://hermes-ir.lib.hit-u.ac.jp/da/handle/123456789/5841

(26) 『新聞雑誌操縦法』1926.5.31、『小新聞経営法』1926.6.5、『良き新聞記者——若き新聞記者又は新聞記者を志す人々のために』1926.6.28、いずれも丸之内新聞社の出版である。

(27) 『勤労者読本』1942、『勤労者技術読本』1942、『指導者読本』1942、『新経営場読本』1942.8.25、『技術史物語　第一篇・第二篇』1943、いずれも日本産業報国会新聞の出版である。

(28) 社会理想社の出版で、この新たなる出版社経営のため第一期所在地から住所を変更したと推測できる。全くこの時点から関わりがなくなったか否かは不明である。

(29) 佐々木英和「自己実現思想における個人主義・国家主義・神秘主義——人格概念の多元的展開に関する試論的考察」『宇都宮大学教育学部紀要　第 1 部』58、宇都宮大学、2008.3.10、pp.265-280 では、杉原の著作を「社会主義の倫理学の立場から阿部次郎の人格主義を根本的に批判しているもの」と評している。

（30）『社会主義の価値哲学』聚芳閣、1924.11.15。

（31）1933（昭和8）年4月2日、『読売新聞』。

（32）「改造」『世界大百科事典』JapanKnowledge、http://japanknowledge.com（参照 2017.5.6）。

（33）『小林多喜二全集』第8巻は確認できないが、第2巻は国際書院より出版されている。

（34）「神近市子」『世界大百科事典』JapanKnowledge、http://japanknowledge.com（参照 2017.5.6）。

（35）1916年11月13日、1919年10月3日『東京朝日新聞』。

（36）「辻潤」『世界大百科事典』JapanKnowledge、http://japanknowledge.com（参照 2017.5.6）。

（37）「赤旗事件」『国史大辞典』JapanKnowledge、http://japanknowledge.com（参照 2017.5.10）。

（38）森靖雄「名古屋圏における工業近代化期の課題と経過（II）──下出民義・義雄父子の役割を中心に」愛知東邦大学『東邦学誌』37（2）、2008.12、pp.43-67。

◆ コラム　下出義雄の読書熱——大津書店と喫茶チャイルド

朝井　佐智子

　下出義雄は、戦後は隠居生活をしていたとイメージする方も多いのではなかろうか。そんなイメージを覆してくれる話を紀子女史（義雄の長男・貞雄の妻）と幸雄氏（義雄の甥）のお二人からお聞かせいただいた。「大津書店」という本屋を松坂屋北側の大津通り沿いで経営をしていたという話である。

　大正期、東京の「下出書店」経営後は、実業畑のみを歩んできた義雄なので、書物への情熱は冷めてしまったのだと感じていた。公職追放前後に大半の職から離れたあとに、義雄が挑戦したかったこと、それが書店を経営することであったということは、「下出書店」を研究してきた身としては少しうれしくなった。

　1948（昭和23）年の電話帳に「大津書店」の電話番号がすでに掲載されているところをみると、焼け野原から復興途上の1945〜46（昭和21〜22）年ごろの名古屋で、すでに書店を経営していたということになる。義雄自身も経済誌に「裸の心を持つ人」と題して書店経営についての一文を寄せ、戦後間もなく書店を開始したことを証言している。「書をひもとくといふと妙に暑苦しい話になるが、私の生来の読書癖が嵩じて敗戦もまだ実感の生々しい時に大津町通に書店を開いた」。書店の品揃えも義雄らしい感性であふれたものであったようである。「自己の趣味に投じたというよりも人を益する処の大きい、又美しい仕事だと考えたからである、その意味であらゆる方面の専門書籍を並べてみた」。幸雄氏も「確かに専門書が沢山並んでいるのを見ました。人文系や社会系が多かったような気がします。少し立ち読みをしたのが、城山三郎です。『人生の牙城』というタイトルだったと思うのですが、名古屋電灯と名古屋電力のゴタゴタを書いたものが置いてありましたよ」とおっしゃっていた。義雄は読書癖と表現しているが、要は書物を手に入れたいが紙不足でなかなか地方では手に入らない。いち早く本を読むにはどうすれば良いか。そうだ本屋を経営しよう。こう考えたのであろう。いかにも短絡的な想像であるが、逆に言えば、それほど義雄には、本に対する情熱があふれていたのである。

　当初は、義雄が本屋の店頭に立つこともあったようである。店番などしたことがない義雄が、慣れないお釣りを数え、若い女性に本を手渡す姿を想像すると少し微笑ましく感じてしまう。もちろん、義雄が経理や収支に向いている訳ではなく、父・民義のところに出入りしていた呉服屋の番頭に店のほとんどを任せるこ

とで、店番からは解放されたようである。商才に長けた人で、とても信頼をして店を任せることができたようである。番頭が亡くなったあと、朝子女史（義雄の義理の妹）や貞雄氏（長男）が店番をし、最終的には東邦商業の卒業生に番頭としての仕事をお願いすることによって経営を回していたようである。

そうした二人の話題の中に喫茶チャイルドのことがあった。本を自由に手に入れることができるようになった義雄が次に望んだのが、本を静かに良い雰囲気の中で読むことであった。喫茶店経営は、その願いを叶えるためだった。当時、義雄が設立を目指していた「東邦保育園」の資金を補うことができればという願いを込めて、店名は「チャイルド」と名付けることになった。

喫茶チャイルドは、義雄が読書をするための格好の雰囲気づくりを目指した感がある。マスターは、元新劇女優であった。『帝劇女優劇七月上演脚本集』を下出書店から出版もしている関係からマスターになったのであろうか。幸雄氏は、上品な女性だったと印象を語ってくれた。流れていた音楽は、主にクラシックであった。愛知東邦大学の榊直樹学長は、ベートーベン３番『英雄』が流れていた記憶を披露してくれた。壁には、名古屋や瀬戸ゆかりの北川民次の絵画作品が多く飾られていた。まさしく芸術に囲まれて読書を楽しむ、申し分ない環境づくりができたのが喫茶チャイルドなのである。

研究仲間の青山正治氏と義雄談義に花を咲かせることがある。義雄は周りから言われて嫌と言えないタイプではないか、大同製鋼の仕事も民義や福澤桃介、寒川恒貞に勧められて、断れなかったのではないかと。公職追放は確かに不本意だったかもしれないが、義雄は肩の荷が下り、今度は自分の好きなことができるという歓びを感じていたのであろう。

喫茶チャイルドで、一杯のコーヒーと音楽をお供に読書を楽しむ、そんな義雄のおだやかな姿こそ本来の義雄像ではないかと思うのは私だけであろうか。

最後になりましたが、生前の下出民義、義雄・隼吉の思い出を語ってくれた隼吉の遺児・幸雄氏は 2017 年 10 月 18 日に逝去されました。「続きの話をまた伺いに来ていいですか」とお願いすると「はい、いつでも」とにっこりとほほ笑まれた姿が今でも目に浮かびます。心からご冥福をお祈り申し上げます。

第9章 ボーイスカウトを教育に導入した
下出義雄

木村 直樹

I 誰が創始者か

　1923（大正12）年3月31日に東邦商業学校が認可、創立されてしばらくして、理事で副校長の下出義雄は1926（大正15）年8月、米国YMCA（キリスト教青年会）から招待されて訪米使節団団長として米国へ、次いで私費で英、独、仏、伊を訪れ、商業教育を視察した。ロンドンでは「ボーイスカウト」（1908年創設）を実際に見学、帰国してから校内にボーイスカウトを創ったと考えられていたので、1926（大正15）年1月、東邦健児団結成との関係で整合性がとれないという謎にぶつかった。帰国は1927（昭和2）年2月14日だった。

　その謎を解くため、『東邦学園五十年史』を読むと、「イギリス教育の自由主義的気風が、画一教育を排し、個性の開発と「真面目」をめざす東邦教育」に自信をもち「すでに組織されていた東邦健児団の前途にいっそう確信を深めることができた」という箇所に、「すでに組織されていた」として時間の前後が記されていることが判った。それでは東邦商業学校副校長下出義雄が東邦健児団を創ってから出かけたのか。父の東邦商業学校理事長下出民義によるのか、それとも校長の前名古屋市長大喜多寅之助が関わったのだろうか。

　「下出先生は、進歩的な学者肌の方であった。進歩的といっても、今使われている進歩的とはたいへんな相違で、会議所におかれても、新しい着想をもっている、財界のリーダーの一人であった。大正15年、市に連盟ができるとその副理事長として、昭和5年、連合少年団が創設されると高松理事長に代わって理事長に推され、縦横に敏腕を振るわれた」（『ボースカウト愛知連盟誌』）という。少年団名古屋連盟は2月22日、創始者ベーデンパウエル（Baden Powell）誕生日に合わせて創立されているので、名古屋連盟の副理事長になった「下出先生」は、「進歩的な学者肌」の下出義雄であり、東邦健児団1月結成以降の動きも判った。

東邦健児團團規

第一條　本團ハ東邦健兒團ト稱ス

第二條　本團ハ少年團日本聯盟ノ規約並ニ英國ロバート、バードン、バウエル卿ノボーイ、スカウト精神ニ則リ團員ノ精神的訓育並ニ校外訓練ヲナシ人格ノ完成ヲ期ス

第三條　本團ハ東邦商業學校職員生徒並ニ關係者ヲ以テ組織ス

第四條　本團ニ加入セントスル者ハ隊長會議ノ決議ヲ經テ團長之ヲ決ス

第五條　本團員ハ左ノ宣誓ヲナスコトヲ要ス

宣　誓

一、神明ヲ畏ビ、皇室ヲ敬ヒマス

二、人ノ爲、世ノ爲、國ノ爲ニ盡シマス

三、少年團ノ掟ヲ守リマス

掟

一、健兒ハ命ニ懸ケテモ節義ヲ重ンズル

二、健兒ハオ互ニ兄弟デアル

三、健兒ハ恭謙デアル

四、健兒ハ禮義正シイ

五、健兒ハ身心共ニ清イ

六、健兒ハ質素ヲ旨トスル

七、健兒ハ快活デアル

八、健兒ハ動植物ノ友デアル

標　語

「そなへよ　つねに」Be Prepared

資料 9-1　東邦健児団団規（部分）

　そしてさらに第 2 章の執筆者である中村康生さんが発掘された「東邦」3 号（大正 15 年 3 月 10 日）、4 号（大正 15 年 12 月 15 日）により、3 号には下出義雄「東邦健児団の設立と其精神」が載り、その中に「東邦健児団団規」（資料 9-1）が記され、1 月 8 日結成も判った。4 号にはキャンプ写真が載り、8 月 17 日名古屋駅を出発して洋行したことも判る。

　翌 1927（昭和 2）年から東邦商業の全生徒を運動部か東邦健児団のいずれかに所

資料9-2　ボーイスカウトキャンプ　大正15年8月1日〜5日
右から三島通陽、下出義雄（「東邦」4号所載）

属させたという。

II　東邦健児団団長下出義雄

　ボーイスカウトのボーイは少年、スカウトは斥候(せっこう)。それを古風な「健児」と名づけたのも謎である。健児を「けんじ」と呼ばせるのか、「こんでい」と呼ばせたのかということもある。『広辞苑』には「こんでい」として「①奈良・平安時代、軍団を廃した代りに諸国に配置して、その国の兵庫、国府の守護、関所の警固などをさせた兵士。地方有力者の子弟から選抜した。②武家時代、中間・足軽などの称」とある。東邦健児団団規には健児団に「スカウト」というルビが付けられている。
　乃木将軍が1911（明治44）年ジョージ5世の戴冠式に列席した東伏見宮に随行して訪英した折、ボーイスカウトを見学して「如何にして斯る良制度が工夫創始せられしものなるか」と問うと、ベーデンパウエル将軍から「閣下には御承知なきか、これは貴国薩摩に於ける健児の社制度を研究しその美点を斟酌して組織したるものに外ならず」と答えがあったと、大正14年に地元に少年団ができたあと前鹿

児島市長の上野篤が著した『健児之社』(1927年) に紹介された。東邦健児団ができる直前の段階で、加盟団数 425、団員数 6万 7,471 人という規模になっていた。「スカウト (ボーイスカウト) は他の学校では見られません。スカウトの人をみるとなんとなく楽しい気がします」(「東邦商業新聞」21号、昭和 4年 9月発行) と座談録が伝える。

　昭和 4年 2月 24日に少年団名古屋連盟が音頭をとって、名古屋連合少年団が設立されて、少年団名古屋連盟、仏教少年団、赤十字少年団、天理少年団などを含むものとなった。また下出は少年団名古屋連盟の理事長に、さらに少年団名古屋連盟も名称変更が議論になり名古屋健児連盟になった。

Ⅲ　後藤新平と下出民義

　少年団日本連盟総裁後藤新平の死を「京都府立病院で加療中　後藤伯遂に薨去す」と、「東邦商業新聞」(昭和 4年 4月 22日号) は一面トップ見出しで伝え、スカウトハットを冠った後藤の遺影を掲げた記事を掲載した。名古屋連盟では中区大池町和敬会館で告別式を挙行した。後藤の遺骸が 4月 14日名古屋駅を通過する際には名古屋健児連盟の各団旗が出迎え、下出理事長らと見送った。

　同じ号で下出は、以下の教育論を記した。

　　「少年団の仕事が一種の教育でありとするならば然らば学校の教育との関係は如何かと申しますと、現時の学校の教育は多数教育であり画一教育であり屋内教育であるのに対し少年団は少人数教育であり情操教育であり個性教育であります。勿論学校教育が多数の人に知的画一の教育を目的とするに非ずして出来る限り智育徳育を併せ又各自の個性の進展を希望するのでありますが如何せん現在の制度設備は其の理想の実現に非常に困難なる事情にあります。少年団は此の欠点を補ふために生まれたのではありませんが計らずも其の教育法はそれ自体が今日の学校教育の足らざる所に重きを置くのでありますから、両々相待って初めて良い教育が行はれる事と思ひます。

　　以上に於て少年団の教育の精神に就て大体申し上げました。次に少年団の教育の組織方法に就て申し上げます。抑々我国に於ては少年団と云ふ言葉が一般に用ひられて居りますが言葉の上の誤解もありますので近来は少年の代りに健

児と云ふ文字が大部使はれて参りました。それはスカウト教育に於ても年齢差によって教育の実際方法目標も多少異って来まして、ベーデンパウエル卿の案によれば　ウルフカブ（幼年健児隊）八才ヨリ十二才マデ　ボーイスカウト（少年健児隊）十一才ヨリ十八才マデ　ローヴァースカウト（青年健児隊）約十七才ヨリ上の三つに分って其の訓練の方法と目的とを区別して居ります。幼年健児隊に於きましては出来る限り心身両方面に亘って個性の発達する様に導くのでありまして野外の遊戯や無邪気な遊びの内に子供の個性の発見発達を計るのであります。少年健児に対しては人格の発達を目的とし野営等に於て各種の技能を学び勤力の訓練を務めます。青年健児に対しては公民としてスカウトの理想を実現せしめん為に種々の社会義務の実行を教ふるのであります。斯く年齢に応じて段々と教育を施して参りますが隊を組織するにはスカウトの精神を十分徹底せしむる為に所謂班制度（パトロールシステム）を採って居ります。即六人又は八人を以て一班を作り其の内の年長又は技能あるものを班長となし其の下に次長を置き班の自治的動作をなすものであります。斯る班が幾つか宛集りまして隊を組織しますが一隊は四班を限度としてそれ以上は宜ろしくないとして居ります。」

『真面目の大旆　東邦学園七十年のあゆみ』（1993年）には「大正十五年九月現在で、全校生徒三百三十名のうち五十五名が加盟。義雄を団長として、教諭五名の指導下に三隊十一班が編成されていた」、「東邦商業には、一、人のお世話にならぬように　二、人のお世話をするように　三、そして報いを求めぬよう　というボーイスカウト精神にもとづく自治の三法があるが、生徒のこれらの自治活動には、そのボーイスカウト精神がバックボーンとして自覚されているのだった」とあるが、これは、昭和5年2月22日に「少年団名古屋連盟　創立記念の夕べ」が開催されたとき、下出理事長が講話で「故後藤総長は一、人のお世話にならぬ様　一、人のお世話をする様　一、そして報ひを求めぬ様　と常に訓辞されました、あまり多くを望むと一つも出来ぬ様になりますから是非一番初めの人のお世話にならぬ様と云ふ大切なことだけを是非実行してもらひたい」（「東邦商業新聞」昭和5年2月28日号）と伝えたように、後藤新平の「自治の三訣　自主的自治　人のお世話にならぬよう　社会奉仕　人の世話をするよう　国家奉仕　そして酬いを求めぬよう」と同文である。

　後藤は台湾総督府民政長官、満鉄総裁、内務大臣、外務大臣、東京市長などを歴

任する以前、愛知県立病院長、医学校長時代ふくめ明治12年から16年まで、名古屋市中区州崎町六〇番地（いま大須一丁目）に居住、板垣退助が岐阜で刺客に襲われたとき人力車で手当に向かう。大正14年6月28日、鶴舞公園でボーイスカウトジャンボリーが開催されたとき、総裁として来名した。

後藤について、下出民義は「この大同電力を作るには、私も大いに骨折ったものである。当時大同では、私は常務取締役だった。後藤新平も一話題になる。後藤は、大同電力を作るに木曽川飛騨川方面の事を宮内省にいろいろ奔走してくれた。木曽の御料林に関係するからである。かうして役所関係、金融関係にも努めてくれた」（『下出民義自伝』）と大正10年頃の事情を語る。後藤からボースカウト提案が下出民義にまずあったかもしれない。士官学校を目指したこともある民義が息子の義雄にそれを持ち掛けたのだろうか。

Ⅳ　少年団と健児団

少年団日本連盟の副理事長三島通陽（三島通庸の孫）はボースカウトの日本語訳は「健児」が適当と考えた。そして組織や表現に「健児」がちりばめられた。ただし、三島の関わったベーデンパウエルの『少年団指導者教範』（1925年）の訳語として「健児」は使われていない。ほかのベーデンパウエルの著作は少年団連盟訳で『幼年健児教範』としている。ほかにも少年団日本連盟編『健児作業図解』などが刊行された。

「おきて」は「一、健児は忠孝を励む　二、健児は公明正大、名節を生命とする　三、健児は有為　四、健児は互に兄弟、総ての人を友とする　五、健児は常に親切　六、健児は長上に信頼し、団各長に服従する　七、健児は快活、笑って困難に当る　八、健児は恭謙、礼儀正しい　九、健児は勤倹質素である　十、健児は心身共に清」とあったものが、筆者がスカウトであった1960年代には、「1、スカウトは誠実である　2、スカウトは忠節をつくす　3、スカウトは人の力になる　4、スカウトは友誼に厚い　5、スカウトは礼儀正しい　6、スカウトは親切である　7、スカウトは従順である　8、スカウトは快活である　9、スカウトは質素である　10　スカウトは勇敢である　11　スカウトは純潔である　12　スカウトはつつしみ深い」（『ボーイスカウト日本連盟規約』1962年）になった。因みに「宣誓」は「私は神聖なる信仰に基き名誉にかけて次の三条を誓ひます　一、神明を貴び、皇室を敬ひま

資料9-3 少年團日本連盟『少年團と健兒の社』パンフレット

す 一、人の為、世の為、国の為に盡します 一、少年団のおきてを守ります」というのが、これも「私は名誉にかけて次の三条の実行を誓います 一、神と佛と国とに誠を尽しおきてを守ります 一、いつも他の人々を援けます 一、体をつよくし、心をすこやかに徳を養います」になった。また、「健児よ」(尾崎忠次作詞作曲)「進め健児」(英国古曲、堀内敬三歌)が筆者が使用した『ボーイスカウト ポケットブック』(1962年)では「けんじ」と読ませて載る。

下出文庫には『The boy scout movement』(1919)などが所蔵されている。また下出義雄の経営した下出書店では、板垣政参述『英国少年団「ボーイ・スカウト」』(1922年5月10日)を刊行していた。この本は少年団連盟が創立間もない頃なので、連携が働いていたのだろうか。この中には「健児」の文字は見えない。この板垣は

九州医科大学教授、医学博士、陸軍大将板垣征四郎の兄である。

1920（大正9）年、ロンドンで第1回国際ボーイスカウト会議とジャンボリーが開催され、日本からも参加した。その年8月富士山頂で第1回大会が開催されて、200余名集まった。愛知県からは名古屋金城少年団が参加した。そのあと、1924（大正13）年に紫川少年団（中区中之町）が結成された。それらが訓練法などでボーイスカウト式組織といえるかどうかで、東邦健児団が愛知で最初かどうか決まってくる。

1922（大正11）年4月13日、第1回全国少年団大会が開催され「少年団日本連盟」が結成された。少年団日本連盟は日露戦争後の日本が国際的に注目された時期に企画された。1911（明治44）年の日英同盟、大正10年、11年と両国皇太子相互訪問があり、ベーデンパウエルは「ボーイスカウトの訓練は武士道の精神を採用している」と語ったことも影響して拡大発展していき、1927（昭和2）年、文部省から国庫補助金を得ることになった。翌昭和3年には3部制をしき、健児部はボーイスカウト式の訓練法をとる少年団、海洋健児部はシースカウト、総務部はその他の少年団という具合に所掌を分けた。大きく分けて日本式訓練法の岳陽少年団（静岡県沼津）と英国式ボーイスカウトが少年団日本連盟に内在していた。

初代総裁に選ばれた後藤新平は「少年団運動ノ有スル其ノ使命ハ国体ヲ尊奉シ、忠孝ヲ本トセル国家主義ト同時ニ博愛協調ノ精神ニヨリ世界人類ノ貢献シタト言フ国際主義トヲ経緯トシタ一大倫理運動デアリマシテ」と述べた。東京市長の後藤は東京連合少年団長でもあり、ボーイスカウトの健児服を着用した。

V　ボーイスカウトは軍隊の性質を持たず

ベーデンパウエルのボーイスカウト構想も軍隊組織から教育組織へと変遷していき、1924（大正13）年にデンマークで開かれたボーイスカウト第3回国際会議のコペンハーゲン宣言では「ボーイスカウトは軍隊の性質を持つものではない」と確認された。

日本最初のボーイスカウトは1920（大正9）年の第1回国際ジャンボリーに参加した3人の日本人の一人、小柴博が修養団を基礎にして1914（大正3）年に創った東京少年団である。その同じころ社会主義者深尾韶は静岡少年団を短命に終わらせたが、少年団日本連盟の理事になった。深尾は『少年軍団教範』（1915年）の中で、

「一説に依れば、ボーイ・スカウトが英国に起こったのは、わが日本の鹿児島に於ける健児の社の方限の組織に倣ったのだと言ふ事である」とした。後藤も「鹿児島郷中制度の研究」をまとめ、そのなかで「小方限には各郷中ありて自治的制度を布き」、「青年者を二才と唱ふ」若衆組織に「健児」のモデルを見出そうとした。

Ⅵ　戦時下の健児団

1940（昭和15）年7月17日、「尚武の佳節を選び　新入団員入団式挙行——健児団、海洋少年団合同で」という見出し記事が「東邦商業新聞」に載った。

　「六月二十一日、尚武会の佳き日に本校健児団及び海洋少年団の入団式は北講堂に於て、下出義雄団長、並に来賓として山崎文次先生、鈴木道正先生の御来場を仰ぎ盛大に挙行された。

　今第二次欧州大戦に於て、ドイツが斯くも恐るべき戦果を収め、まさに全欧州を捲席せんとしてゐるこの勢い、この力は、抑々何に原因してゐるか？即ちヒットラーユーゲントなるものがその最大原因と、なるのである。ドイツの少年は皆これに入団し、鍛錬、修養に、身を鍛へ、身を修めて、徴兵年輩までにすでに一人前の軍人に恥じぬ軍隊教育を受けてゐる。その青年が又、二年或は三年と軍隊生活をしたならば、如何程すぐれた軍人になるかは考えるも愚かなる事である。この軍人を以て為せば、世界統一も決して誇大妄想な事ではない事は、火を見るより明らかである。ここに於て我国も一人残らず少年団に入団する様にし、国民の鍛錬修養に務め、明日の日本に備ふべく努力して欲しい。との有益な祝辞を拝聴し吾々一同、モットーたる"備へよ常に"を、頭において、油断なく、有意義に、その本分を盡し、母校の名誉をはかり、国運の隆昌せしめん事を期し閉会した。尚同式場に於て優良健児並に、賛助者の表彰式を行った。」

東邦商業の海洋少年団は昭和13年9月創立、教諭前田鍵太郎、江崎真澄、小島良三と18名の部員で始まった。

満州事変以降、昭和7年には京都の東本願寺で「大谷健児団」が組織された。田中治彦氏が『ボーイスカウト　20世紀青少年運動の原型』（中公新書）で「満州事変当時、満州には長春、鉄嶺、ハルピン、安東、旅順、大連の6つの少年団と、日

本連盟には未加盟の奉天健児団が組織されていた。このうち長春健児団は事件が起きた当夜から早速団員を招集して行動を起こしている。竹下国雄団長の報告書によれば、長春健児団は銃器弾薬の運搬、糧食の運搬供給、伝令任務、負傷兵の救護運搬、戦利品武器運搬と監視、飛行場の天幕張り、などの銃後活動というより軍事行動そのものを実行している」と書くように、少年団活動は変質し、ボーイスカウトには冷ややかになっていった。

　日中戦争以降の1938（昭和13）年、日本からドイツ各地を回り、ドイツからはヒットラーユーゲントが8月16日から11月12日まで各地を巡回して、旋風を巻き起こした。

　またボーイスカウトの三指礼（三本指の敬礼）をめぐってユダヤ教のようだと言って分裂し、帝国少年団協会などができた。少年団連盟も大日本少年団連盟に変更され、大日本青少年団に統合されていった。今日からすると「健児」の読みはさておき、古めかしい感じがするが、この言葉はむしろ微妙にボースカウト的なものと受け取られていた。

VII　健児団から報国団へ

　東邦商業学校健児部（ボーイスカウト部）の運命について、「戦局の進行は、健児団の活動を次第に軍国色へ傾斜させていった。防空演習への参加、陸軍病院の慰問、軍人墓地の清掃などが加わり、ついに昭和十六年四月の東邦商業学校報国団組織から健児部の姿が消えてしまって、創立いらいの長い歴史が閉じられている」（『東邦学園五十年史』1978年）と記述された。

　日英同盟の時代から日英が敵対すると、「おきて」が「見るからに英国式紳士の戒律めいたその指導精神」（『少年団精講』1942年）という批判の対象にもなっていき、ボーイスカウトは敵国の行動様式として排除され、戦争翼賛体制の中に消えていった。

附録　東邦保育園の足跡

新村 健

I　はじめに

　1950（昭和25）年5月、戦後の混乱期の最中、名古屋の地で乳児保育、長時間保育をはじめとする社会的に意味のある先進的な保育園運営に挑んだ「東邦保育園」の足跡を辿るところに本稿の目的がある。とりわけ「東邦保育園」の設立とその社会的意義を保育運動の視点から捉えた点に本稿の特徴がある。まずは、東邦保育園はどのような時代背景のもとに設立されたのか、を考察した。次に、東邦保育園は何を目指したのか、その設立の趣旨とは何かを考える。そして、最後に、当時の園長業務を取り仕切っていた佐藤宗夫主事の話を頼りに、東邦保育園は、どんな取り組みを進めたのか、その保育運動における社会的影響力に迫ってみようと思う。

II　東邦保育園設立の時代背景

　戦後の日本は連合国軍最高司令官総司令部（GHQ/SCAP）の指令・勧告に基づいて日本政府が間接的に統治を行う方法がとられた。GHQ の最高司令官に就任したマッカーサー元帥は、「憲法の自由主義化」のほかに、婦人参政権の付与、政治犯の釈放や特別高等警察（特高）などの廃止、教育制度の自由主義的改革、労働組合の結成奨励、経済機構の民主化、などの五大改革を指令した。

　教育制度の自由主義的改革は民主化の重要な柱の一つであった。1947（昭和22）年にはアメリカ教育使節団の勧告により、教育の機会均等や男女共学の原則をうたった教育基本法が制定され、義務教育が6年から9年に延長されるとともに、同時に制定された学校教育法により6・3・3・4の新学制が発足した。1948（昭和23）年には、都道府県・市町村ごとに、公選制の教育委員会が設けられた。これは明治憲法・教育勅語体制のもとで中央集権主義を原理とした戦前の教育行政の反省に立

ち、教育行政の一般行政からの独立、教育委員の住民による公選及び教育行政の地方分権の三つの原理を制度化し、教育の民主的統制を図ろうというものだった。

　占領当初には財閥解体、農地改革といった経済機構の民主的改革がGHQにより打ち出されたが、中国内戦での共産党の優勢が明らかになり、アメリカは対日占領政策を転換した。傾斜生産方式と呼ばれる石炭、鉄鋼などの産業の育成を強化する経済政策が展開された。1949（昭和24）年3月、GHQが示した経済安定9原則の実施策であるドッジ・ラインは、超均衡予算の実施、シャウプ勧告に基づく税制改革、1ドル＝360円の単一為替レートの設定などによりインフレを収束させ、日本経済の再建の足場を築いた。

　戦後の日本社会は、そうした経済改革が成果を収め、1950（昭和25）年に勃発した朝鮮戦争の特需をスプリングボードにして活気を取り戻した。1955（昭和30）年には高度経済成長の始まりとなった神武景気と呼ばれる大型景気を迎え、経済企画庁が1956（昭和31）年度の『経済白書』にて「もはや戦後ではない」と宣言した。

　新しい平和な暮らしに希望をつなぎ、1947（昭和22）年から1949（昭和24）年にかけて第1次ベビーブームが起きた。出生数は毎年250万人を超え、3年間合計で約800万人程度となる。なお続く困窮生活に加え、世帯あたり3人の子どもがいる生活を支えるには、母親の就労は不可欠であった。生きるために働く母親の就労支援は、ひときわ大きな社会的な要求になっていった。

　文化的・思想的な面で共有するこの戦後世代は、後年「団塊の世代」と呼ばれている。戦後の日本には小中学校卒業の「金の卵」と言われる大量の働き手がいた。この「団塊の世代」が、安価だが真面目な働き手として高度経済成長を牽引することとなる。

　他方で、大企業による膨大な設備投資、アメリカの技術革新の成果を取り入れた重化学工業の設備更新が進んだ。先進技術の導入は生産過程だけではなく、品質管理や労務管理などの分野にも及んだ。高度経済成長期、終身雇用・年功賃金・企業別組合を特徴とする日本的経営が確立された。産業構造は高度化し、第一次産業の比率が下がり、第二次・第三次産業の比重が高まり、農村部から都市部への人口の大量流入が生じた。

　こうした経済発展は国民の生活様式にも著しい変化をもたらした。大量の人口が流入した都市部では住宅問題が深刻になった。夫婦と未婚の子どもからなる核家族が増え、これら核家族のために、新たに設立された日本住宅公団により2DKなど

の公団住宅の造成が進められた。また、後に「三種の神器」と呼ばれることになるテレビ、電気洗濯機、電気冷蔵庫といった耐久消費財が、テレビから流れる CM によって「消費は美徳」と意識づけられ、大量生産・大量消費されるようになった。

　高度経済成長は、量産・量販の仕組みを次第に整え、生産・流通の現場に加え事務労働においてとりわけ女性の労働参加を促すことになり、乳幼児の保育需要が一段と高まることになった。

Ⅲ　東邦保育園の設立趣旨

　1947（昭和 22）年に児童福祉法が制定された。この法律の制定により、保育所は児童福祉施設としての法的位置づけを得ることとなった。すなわち、児童保護事業としての託児所から、女性の就労を保障するために、子どもを守り育てるという公的責任としての「保育」という営みを行う保育所へと、転換が図られることとなったのである。東邦保育園が設立された時期は、児童福祉法が制定されて間もない戦後保育所の「草創期」に当たる。「児童福祉法の制定により、国および地方公共団体が子育ての責任を負うということが規定されたとはいえ、戦後草創期の保育所の設立・運営は、多くの民間の保育所、保母たち一人ひとりの尽力なくして成立しなかった」[1]。当時の「福祉行政は 12 万人にのぼる孤児、浮浪児の保護や 1 千万にのぼる貧困者の緊急援護に追われていて、保育事業は民間の努力にゆだねられていた」[2]。

　戦後復興の最中、このような時代背景のもとで 1950（昭和 25）年、東邦保育園の開園が意図された。その設立には、時代の要請に目を向けた 28 歳の青年校長下出貞雄が抱いた大望が働いた。戦後の東邦教育の原点は下出貞雄が新しいポリシーとして打ち出した「愛と平和の強調」にある。「決して、あのいまわしい時代を繰り返してはならない」として、古い伝統を尊重しながら新しさを生み出すために、旧校章を原型として平和の象徴である「鳩」をあしらった新しい校章に、下出貞雄の強い思いを見ることができる。その教育に生きる思いは、自分の子供を馬鹿にする親に会うと「そのような見方が、子供を駄目にしてしまう。どんな子供にも長所がある。それを賞め伸ばしてやらなくてはいけない」とたしなめていたところに現れている [3]。

資料　東邦保育園の運動会。中央和服姿の女性は下出サダ園長

　下出貞雄は、この思いを胸に、病弱の身をも顧みず、1948（昭和23）年に発足したばかりの愛知県教育委員会に立候補した。下出貞雄の教育委員会委員選挙公報には「私は恐らく全国最年少者だと覚悟しておりますが、……信ずる所を断乎行ふだけの情熱と誠意とに満身の血は湧いて居ります。……祖父民義、父義雄の衣鉢をうけ、学校運営社会教育上に全生命を打込もうと決意」[4]と語り、県下を駆け巡った。同年10月に下出貞雄は、公選制最初の教育委員となり、副委員長に就任した。その下出貞雄の愛情と平和を説く教育にかける並々ならぬ思いが、東邦保育園の開設にも及んでいたことは想像に難くない。

　1950（昭和25）年4月30日、下出貞雄を擁する財団法人下出教育財団（現、学校法人東邦学園）は、「『幼児教育から大学教育まで』の理想に基づく東邦教育の縦の拡充と社会との結合の強化を目指して、当時まだ黎明期であった保育事業を行なう」[5]と壮大な決意をもって東邦保育園の設置を届け出ている。同年5月5日東邦保育園が開設され、下出義雄夫人である下出サダが園長に就いている。1950（昭和25）年度における名古屋市内の保育所数は、公立12園、私立41園の53園であった。

　その当時に保育を任せることのできる施設の存在は、働く女性の切実な要求に応えるもので、その社会的意義は極めて大きいものがあった。また、女性園長の誕生は、保育園の設立趣旨に沿うものではなかっただろうか。1957（昭和32）年には東

邦高校の中に併設する形で取り組まれていた東邦保育園は学外に移転している。

　岩戸景気が始まり経済の高成長を押し上げる 1959（昭和 34）年 3 月、東邦保育園は廃止に至る。結果的に、9 年余りの東邦保育園の取り組みではあったが、それは、時代の要請に応えて、黎明期にあった保育園の開設に挑んだ創業者的価値がある。東邦保育園が廃止に至る 1959（昭和 34）年度には、名古屋市内の保育所数は公立 22 園、私立 104 園となっており、東邦保育園はその一つであった。むしろ、東邦保育園の趣旨は、その後の「ポストの数ほど保育所を」とする高成長期に至る、一段と高まりを見せた保育運動の広がりの中に継承されたと考えると、改めて東邦保育園の足跡を見直す意義は少なくないだろう。

Ⅳ　保育運動の先駆けとしての東邦保育園

　当時、東邦学園の主事は佐藤宗夫であった。佐藤は、その後の取り組みから名古屋市の保育運動を牽引したリーダーのひとりと言える。その佐藤が東邦保育園の園長代理を務めていた。

　そこで、当時の東邦保育園で取り組まれたことを、佐藤により編集された『ほほえみにつつまれて』をなぞりながら紹介したい。この『ほほえみにつつまれて』は佐藤が編んだ妻佐藤操（旧姓：近藤）への追悼集である。佐藤宗夫と近藤操は、ともに開園された東邦保育園に保育士として勤め、後にそれが縁となり、人生のパートナーとなった。夫婦で東邦保育園に勤めていたこともあり、佐藤宗夫による妻操への追悼集は佐藤宗夫自身の回顧録にもなっている。

　そこでは、園舎は東邦高校の空き教室を利用し、「運動場も高校生と共有であり、大きな男子高校生の間を小さな子どもたちがふみつぶされないように遊びまわるのも東邦ならではの風景」[6] であったと回想されている。保育士だった西尾きよ子によると、8 人いた保育士のうち 5 人が校内の部屋を借りていて、寝食をともにしていたとのことである。また、運動会は高校生といっしょに行っていた。

　これまで『東邦学園五十年史』を初めとした学園の記録でも確認できなかった事実も、当事者の体験として語られている。佐藤宗夫が東邦保育園に就職したとき、東邦保育園の保護者会は乳児施設設置の運動中であった。当時の様子を『戦後愛知女性史』[7] の記事から確認してみたい。

1952（昭和27）年

3月31日　東邦保育園関係者、乳児託児所建設を市や区に請願

5月 9日　東邦保育園母の会代表と保母、乳児室設置の請願を馬場市議に依頼
　　　　　し断られる

6月 3日　東邦保育園母の会と保母、市議会に乳児室設置を陳情

7月18日　東邦、東両保育園関係者、乳児施設の件で区役所に陳情、東保育園
　　　　　に乳児用ベッド一つ設置の回答える

8月 1日　東保育園竣工

　このように東邦保育園母の会と保母は8月に竣工される予定の名古屋市立東保育
園に乳児室を設置させるよう、約4か月の間、市や区や市議会に陳情等を粘り強く
行った。佐藤によると、名古屋での住民による公立保育園作り運動の端緒を拓くも
のであった。また、戦後保育所の草創期において名古屋ではじめて乳児保育を行
い、長時間保育を始めたのも東邦保育園であった点からも、東邦保育園の先進性が
見て取れる。

　東保育園に乳児保育施設が設置されたことから東邦保育園の三分の一が東保育園
に転園した。これがきっかけで低所得層の措置児にスモックが無料配付されるな
ど、公立と私立の格差を知ることとなる。そこで早速、東邦保育園は、東区の他の
私立保育園と連携して保護者会の運動として取り組み、公立保育園と同じ条件の獲
得という成果をあげている。これは公的援助を獲得する運動の始まりであり、区
内私立保育園全体の運動というのも名古屋ではじめてのことであった。東邦保育
園が中心となって進められた東区の運動がやがて市内全体の保育園の団結を促し、
1954（昭和29）年、現在の「名古屋民間保育園連盟」の前身である「名古屋私立保
育園連盟」の結成につながっていった。

　この当時を振り返り下出貞雄の妻である下出紀子は次のように回想している。
「ここでは、若い保母さんを中心に、保育料助成の活動など、聞く先輩もない状態
の中で研究し、自ら学ぶ事に依って、名古屋の保育活動の中心となって行ったので
す。その後、追々出来かけた後進の保育園と提携して私保連の組織を作り、それが
口火となって、全国に拡がって行ったのでした」[8]。

　「名古屋私立保育園連盟」の結成は校長の下出貞雄の後押しによるものであった。
「幼稚園は私学協会があって団結しているのに、保育園は団体を持たないから助成

されない。保育園の団体を作ってはどうか」[9] と下出貞雄が佐藤宗夫に言ったとのことである。これを受けて、佐藤は民間園の中心人物に働きかけて私保連結成に向けて活動を始めたが、結成途中では快く思わない関係者による妨害があった。そのような中、下出貞雄は幹部になる人々を説得し、結成式では私保連の必要意義を説き、全国で初めて名古屋に私立保育園の団体として「名古屋私立保育園連盟」が誕生した。このことは「全国私立保育園連盟」（全私保連）のホームページでも確認できる。それによると、「名古屋私立保育園連盟」の結成後の1955（昭和30）年には京都府園長会、東京私立保育園連盟の結成、そして東京、名古屋、京都の三都市連絡協議会が名古屋で開催されている。三都市連絡協議会の最初の事務局は名古屋に設置され、1958（昭和33）年には「全国私立保育園連盟」が結成される。

　佐藤は東京私保連、大阪私保連と各地の私保連結成のお手伝いも行った。そして、全国組織（のちの全国私立保育園連盟）の初代組織部長として、全国を飛び回ることになった。一方で佐藤操も東区の保母会の結成、名古屋私保連保母会の結成の中心になって活躍した。これら佐藤宗夫、佐藤操が作った組織は、今日でも活動している。特に下出貞雄の後押しを受けて佐藤宗夫が全国に先駆けて作った「名古屋私立保育園連盟」は、現在は「名古屋民間保育園連盟」として活動している。その後の運動の成果として1974（昭和49）年度から名古屋市内の民間保育所等に対する運営費補給金（国が定める運営費に加算しての助成）を獲得している。この制度は、公民格差の是正を目的として始まっており、職員の給与格付と配置基準の改善がその中心となっている。民間保育園の給与水準が低いことが離職の原因となっていると言われているが、名古屋の民間保育園はこの制度により保育の質の維持を図っていると言える。

V　おわりに

　今日、時を経て愛知東邦大学は指定保育士養成施設となり、「名古屋民間保育園連盟」とは実習や就職にあたり大学として協力関係にある。その連盟が東邦学園の関係者により結成されたことは、今回の調査により初めて明らかになった事実である。しかも全国組織の先駆けとして作られたことは、まさに「学校運営と社会教育上に全生命を打込もうと決意」と公選制教育委員会委員選挙にて下出貞雄が訴えたことの証左であろう。東邦保育園は、園としては9年でその活動の幕を閉じたが、

その後の保育運動に与えた社会的影響は決して小さなものではなかったことがわかる。

　今回の調査では佐藤宗夫の活動に焦点を当てた格好になったが、東邦の保育士たちは、東邦保育園での保育に加え、各地で青空保育を行い、保育所開設運動に取り組んでいた。東邦保育園閉園後、下出貞雄は、その後の愛知の保育所作り運動の原点とも考えられているヤジエセツルメント保育所を支援するために結成された弥次衛セツルメント後援会の賛同者になり、後援会事務局が置かれた日本福祉大学の関係者や愛知子どもを守る会、愛知母親連絡会とともに名を連ねている。東邦関係者もそれぞれがその後の保育運動にも関わりを持っていたようである。

　1947（昭和22）年に児童福祉法が制定され、保育の公的責任という理念は法的には制度化された。ただし、その理念を現実のものとしていくためには、保育関係者の連帯による要求活動が不断に求められた。そのことは児童福祉法発足当時も今も変わらない。下出貞雄が作った東邦保育園は、私たちにそのことを教えてくれているのではないだろうか。

　下出貞雄が保育所を作ろうという思いに至るまでにどのような変遷があったのか、どのような具体的な助力を得て、その発案が実現するに至ったのかも興味のあるところである。今後も、社会的意義を持つ東邦保育園の設立、その取り組みとその後について引き続き調査を行いたい。

謝辞

　本稿の作成にあたり、終始適切な助言を賜り、また丁寧に指導してくださった本学地域創造研究所所長である経営学部の山極完治教授に感謝の意を表します。

　また、佐藤宗夫さんについて教えてくださり、貴重な著書をご提供いただいた佐藤宗夫さんの長女の小野洋子さんには感謝の念にたえません。本当にありがとうございました。

【注】

(1) 松本なるみ（2009）「戦後草創期の保育所——元保育所保母の語りを手がかりに」文京学院大学『人間学部研究紀要』Vol.11、No.1、208ページ

(2) 松本なるみ（2009）前掲、199ページ

(3) 学校法人東邦学園（1978）『東邦学園五十年史』東邦学園、565ページ

(4) 学校法人東邦学園（1978）前掲、174 ページ

(5) 学校法人東邦学園（1978）前掲、181 ページ

(6) 佐藤宗夫編集（1985）『ほほえみにつつまれて——佐藤操　追悼集』メルヘンハウス、266 ページ

(7) 愛知女性史研究会編集（1975）『戦後愛知女性史』愛知女性史研究会、65、67、69 ～ 71 ページ

(8) 学校法人東邦学園（1978）前掲、566 ページ

(9) 佐藤宗夫（1985）前掲、272 ページ

【参考文献】

1. 佐藤宗夫編集（1985）『ほほえみにつつまれて——佐藤操　追悼集』メルヘンハウス

2. 愛知女性史研究会編集（1975）『戦後愛知女性史』愛知女性史研究会

3. 清原みさ子・豊田和子・原友美・井澤淳子（2003）『戦後保育の実際——昭和 30 年代はじめまでの名古屋市の幼稚園・保育所』新読書社

4. 松本なるみ（2009）「戦後草創期の保育所——元保育所保母の語りを手がかりに」文京学院大学『人間学部研究紀要』Vol.11、No.1、197 ～ 212 ページ

5. 学校法人東邦学園（1978）『東邦学園五十年史』東邦学園

6. 長谷川明「『東邦保育園』の先駆的役割」学校法人東邦学園（2014）『真面目　東邦学園九十年誌』

7. 北原和子（2012）「名古屋市における乳児保育・長時間保育の運動」名古屋市立大学大学院人間文化研究科『人間文化研究』第 17 号

8. 石月静穂（2012）「保育問題研究会の成立と活動——名古屋市を中心に」桜花学園大学人文学部『研究紀要』第 14 号

9. 公益財団法人東海ジェンダー研究所編（2016）『資料集　名古屋における共同保育所運動——1960 年代 ～ 1970 年代を中心に』日本評論社

愛知東邦大学　地域創造研究所

　愛知東邦大学地域創造研究所は 2007 年 4 月 1 日から、2002 年 10 月に発足した
東邦学園大学地域ビジネス研究所を改称・継承した研究機関である。

　地域ビジネス研究所設立当時は、単科大学（経営学部 地域ビジネス学科）附属
の研究機関であったが、大学名称変更ならびに 2 学部 3 学科体制（経営学部 地域
ビジネス学科、人間学部 人間健康学科・子ども発達学科）への発展に伴って、新
しい研究分野を包括する名称へと変更した。

　現在では、3 学部 4 学科体制（経営学部 地域ビジネス学科・国際ビジネス学科、
人間健康学部 人間健康学科、教育学部 子ども発達学科）となり、さらに研究・教
育のフィールドを広げ、より一層多様な形で地域発展に寄与しようとしている。

　当研究所では、研究所設立記念出版物のほか、年 2 冊のペースで「地域創造研究
叢書（旧 地域ビジネス研究叢書）」を編集しており、創立以来、下記の内容をいず
れも唯学書房から出版してきた。

・『地域ビジネス学を創る——地域の未来はまちおこしから』（2003 年）
地域ビジネス研究叢書
・No.1『地場産業とまちづくりを考える』（2003 年）
・No.2『近代産業勃興期の中部経済』（2004 年）
・No.3『有松・鳴海絞りと有松のまちづくり』（2005 年）
・No.4『むらおこし・まちおこしを考える』（2005 年）
・No.5『地域づくりの実例から学ぶ』（2006 年）
・No.6『碧南市大浜地区の歴史とくらし——「歩いて暮らせるまち」をめざして』
　（2007 年）
・No.7『700 人の村の挑戦——長野県売木のむらおこし』（2007 年）
地域創造研究叢書
・No.8『地域医療再生への医師たちの闘い』（2008 年）
・No.9『地方都市のまちづくり——キーマンたちの奮闘』（2008 年）
・No.10『「子育ち」環境を創りだす』（2008 年）
・No.11『地域医療改善の課題』（2009 年）
・No.12『ニュースポーツの面白さと楽しみ方へのチャレンジ——スポーツ輪投げ

「クロリティー」による地域活動に関する研究』（2009 年）
- No.13『戦時下の中部産業と東邦商業学校――下出義雄の役割』（2010 年）
- No.14『住民参加のまちづくり』（2010 年）
- No.15『学士力を保証するための学生支援――組織的取り組みに向けて』（2011 年）
- No.16『江戸時代の教育を現代に生かす』（2012 年）
- No.17『超高齢社会における認知症予防と運動習慣への挑戦――高齢者を対象と　したクロリティー活動の効果に関する研究』（2012 年）
- No.18『中部における福澤桃介らの事業とその時代』（2012 年）
- No.19『東日本大震災と被災者支援活動』（2013 年）
- No.20『人が人らしく生きるために――人権について考える』（2013 年）
- No.21『ならぬことはならぬ――江戸時代後期の教育を中心として』（2014 年）
- No.22『学生の「力」をのばす大学教育――その試みと葛藤』（2014 年）
- No.23『東日本大震災被災者体験記』（2015 年）
- No.24『スポーツツーリズムの可能性を探る――新しい生涯スポーツ社会への実　現に向けて』（2015 年）
- No.25『ことばでつなぐ子どもの世界』（2016 年）
- No.26『子どもの心に寄り添う――今を生きる子どもたちの理解と支援』（2016 年）
- No.27『長寿社会を生きる――地域の健康づくりをめざして』（2017 年）
- No.28『下出民義父子の事業と文化活動』（2017 年）

　当研究所ではこの間、愛知県碧南市や同旧足助町（現豊田市）、長野県売木村、豊田信用金庫などからの受託研究や、共同・連携研究を行い、それぞれ成果を発表しつつある。研究所内部でも毎年 5 ～ 6 組の共同研究チームを組織して、多様な角度からの地域研究を進めている。本報告書もそうした成果の 1 つである。また学校法人東邦学園が所蔵する、9 割以上が第二次大戦中の資料である約 1 万 4,000 点の「東邦学園下出文庫」も、2008 年度から愛知東邦大学で公開し、現在は大学図書館からネット検索も可能にしている。
　そのほか、月例研究会も好評で、学内外研究者の交流の場にもなっている。今後とも、当研究所活動へのご協力やご支援をお願いする次第である。

執筆者紹介

森　靖雄（もり やすお）／愛知東邦大学地域創造研究所顧問（はじめに、第1章担当）

中村　康生（なかむら やすお）／学校法人東邦学園広報企画課職員（第2章担当）

青山　正治（あおやま まさじ）／産業技術史名古屋研究所所員（第3章担当）

高木傭太郎（たかぎ ようたろう）／元愛知東邦大学講師（第4章担当）

寺沢　安正（てらざわ やすまさ）／中部産業遺産研究会顧問（第5章担当）

木村　直樹（きむら なおき）／郷土研究家（第6章、第9章担当）

安保　邦彦（あほ くにひこ）／愛知東邦大学地域創造研究所顧問（第7章担当）

朝井佐智子（あさい さちこ）／愛知淑徳大学非常勤講師（第8章担当）

新村　健（にいむら たけし）／愛知東邦大学教務課職員（附録担当）

地域創造研究叢書No.29

下出義雄の社会的活動とその背景

2018年3月31日　第1版第1刷発行　　　　※定価はカバーに
　　　　　　　　　　　　　　　　　　　　表示してあります。

編　者——愛知東邦大学　地域創造研究所

発　行——有限会社　唯学書房

　　　　　〒101-0051　東京都千代田区神田神保町2-23　アセンド神保町302
　　　　　TEL　03-3237-7073　　FAX　03-5215-1953
　　　　　E-mail　yuigaku@atlas.plala.or.jp
　　　　　URL　https://www.yuigakushobo.com

発　売——有限会社　アジール・プロダクション

装　幀——米谷　豪

印刷・製本——中央精版印刷株式会社

©Community Creation Research Institute, Aichi Toho University
2018 Printed in Japan
乱丁・落丁はお取り替えいたします。
ISBN978-4-908407-15-4 C3321